AF346571

POUR UN ART
RADIOPHONIQUE

LES ESSAIS
— 17 —

POUR UN ART RADIO-PHONIQUE

par

PAUL DEHARME

LE ROUGE ET LE NOIR

6, Rue de Clichy, 6

PARIS

—

1930

« Quand je parlerais les langues des
hommes, même des anges ; si je n'ai
point l'amour, je suis comme l'airain
qui résonne ou comme une cymbale
qui rentendit. »

CORINTHIENS, I. 13.

Avertissement

Marcellus. — *Tu es clerc : parle-lui Horatio...*

. . . .

Marcellus. — *Faut-il taper dedans avec ma pertuisane ?*
Horatio *(excédé). — Fais, s'il ne s'arrête pas !*

Ce livre est assez gauchement fabriqué ; (deux bonnes douzaines de renvois en note, par exemple, ne feront pas la vie facile au lecteur consciencieux) mais je ne songe pas un instant à m'en excuser : *ce n'était pas à moi de l'écrire.*

La carence des intellectuels qui, depuis dix ans, dédaignent la T. S. F. au profit des vies romancées, du théâtre d'introspection et de la critique scholastique, m'a décidé « le dimanche » à me substituer à eux.

P. D.

(Août 1929)

« *Une ultime et nébuleuse Thulé,*
Une étrange et sauvage région qui repose, sublime,
Hors de l'Espace, hors du Temps ! »

EDG. POE, Pays des Songes.

« *C'est un rêve, le jour et le lieu sont disparus.* »

GŒTHE, Second Faust.

I

Chapitre I

« *Malgré Molière et Béranger, on n'aurait jamais cru que la France irait si loin dans la voie du progrès.* »

BAUDELAIRE.

ENTRÉE dans les mœurs en 1919, la radiodiffusion a fait, pendant ces dix dernières années, l'objet de bien des commentaires lyriques et de bien des prophéties.

Quand elle aura décentralisé la vie artistique, scientifique, économique et financière, quand elle distribuera en tout lieu la lumière, les parfums, la chaleur et le cinéma parlant en couleur et en relief, il n'y aura pas un intellectuel qui ne puisse brandir un de ses écrits prouvant « qu'il l'avait bien dit ». Les auteurs les plus avisés pourront même montrer des éditions où, depuis plusieurs années, on peut lire : « *Tous droits de reproduction et d'adaptation cinématographique et radiophonique réservés pour tous les pays.* » C'est à peu près le seul résultat des appels adressés à « l'Elite » pour l'engager à consacrer un peu de son temps à des recherches sur la radiodiffusion (1). (Les Allemands, après une étude sérieuse ont, eux, un peu avancé la question de l'art radiophonique : dans le procès-verbal de la Commission des Programmes réunie à Munich en février 1929, ils ont formulé une conclusion « d'airain » : « *Pour que les écrivains et les auteurs dramatiques s'intéressent à la T. S. F., faut compter dans les 2.000 marks.* » Puis, judicieusement, ils ont passé à d'autres travaux...)

Cependant des hommes pleins de zèle, voyant un trône vacant au « pays des aveugles », se sont attelés à « l'art » et, spécialement, au théâtre radiophonique.

*
* *

« *Au Téléphone, Terre d'épouvante, Troïka attaquée par des loups, Les dernières cartouches, Intérieur, Il faut qu'une porte soit ouverte ou fermée* », etc... etc... ont été adroitement, inlassablement et tout simplement adaptés au microphone (2). On ne pouvait mieux choisir : ces auditions étaient agréables.

Pourtant, quelques chercheurs, inquiets, ont voulu aller plus loin et, dédaignant « l'adaptation », ont composé pour la T. S. F. des œuvres spéciales :

M. Bertrand Dupeyrat a illustré les répliques de sa comédie *Le dernier Valois* avec des airs, ou des bruits appropriés :

« Vingt jours plus tard (vingt-huit de ce mois), faces
| pensives,
Nos tourtereaux ont l'estomac près des gencives. »
(Claquettes imitant le claquement des dents).

M. René Christauflour a fait un drame : *l'Express* 175 : ça se passait à bord d'une locomotive et on avait apporté au studio une vraie pelle et du vrai charbon pour faire le bruit du charbon remué avec une pelle. Le même auteur a inventé la « suraudition » par analogie avec la « surimpression » ??...

M. Georges Colin, (l'homme à qui, sans conteste, le théâtre radiophonique doit le plus), a inventé le

« bruit de foule » dont il a tiré autant d'effets que Gémier de son escalier : quatre ou cinq acteurs vont et viennent dans l'auditorium en jurant et murmurant; ils accompagnent ainsi Tallien mettant Robespierre en accusation, Brutus assassinant Jules César, le Christ parlant sur la montagne, etc... et remplissent parfaitement le *fond* du tableau radiophonique jusqu'alors vide et glacé.

Naturellement l'opéra, l'opéra-comique, l'opérette et la conférence ont, dès les premiers jours de la radiodiffusion, pris dans les programmes des places qui paraissaient tout indiquées.

Voilà la T. S. F. artistique et littéraire. Elle a ses critiques (!) qui, toutes les semaines, approuvent, encouragent, font des réserves, rappellent au respect de la tradition, enregistrent les progrès et en tirent pour l'avenir des pronostics optimistes. Aucune raison pour que ça cesse... (3).

Mais enfin ! la transmission sans fil (ou par fil : théâtrophone) de la *partie* sonore d'une pièce de théâtre, *même d'un opéra, même d'une conférence*, c'est tout de même, par définition, quelque chose d'incomplet !... (4).

Alors, comment ose-t-on s'en contenter, comment ose-t-on s'obstiner dans cette voie ? Le cinéma a tâtonné en tous sens : il ne s'est jamais permis d'enregistrer « *Le Tour du Monde en 80 jours* » sur la scène du Châtelet !

Comment ne comprend-on pas que ces radiodiffusions — qu'il s'agisse d'une pièce de théâtre judicieusement choisie (dialogue simple et action nulle, — type : *le Pain de Ménage*), ou adroitement adaptée (indications et descriptions préparatoires, coupures, contractions, partie musicale, — type : *Barberine*), ou spécialement écrite (c'est-à-dire riche en bruits, — type *Mare Moto*) — ont un point de départ faux : le théâtre, et un but aussi faux : suppléer à l'absence de vision, *au lieu de chercher à s'en servir*. Cette dernière erreur est la réplique d'une de celles du cinéma : derrière l'écran, une machine ingénieuse a ajouté son bruit à la photographie de la mitrailleuse jusqu'à ce qu'Eisenstein crée la *métaphore optique*, en surimpressionnant le tableau de la foule hachée par les balles avec l'ombre saccadée d'une mitrailleuse en action.

*
* *

Et d'ailleurs l'histoire de la T. S. F. jusqu'à ce jour est littéralement superposable à celle du cinéma. Les pionniers de ces deux arts ont été fascinés et intoxiqués par les possibilités de prélèvement presque total que leur offrait le théâtre. Il ouvrait au cinéma un répertoire immense au milieu de quoi la panto-mime tendait des bras faussement fraternels, comme aujourd'hui la comédie musicale à la T. S. F. Si absurde que cela nous paraisse à présent, personne ne songeait alors davantage à se rebiffer devant un film d'art joué par Le Bargy, qu'on n'y songe maintenant devant une présentation radiophonique du *Chandelier* par la Comédie-Française. Le cinéma, engagé sur une fausse route, « adaptait », en introdui-sant des plein-airs, des changements rapides de dé-cors, des sous-titres ; il cherchait les couleurs et les maquillages photogéniques, etc... Parfois, un appa-reil, immuablement fixé au parterre, enregistrait un danseur de corde ou un match de foot-ball dont l'attrait *paraissait totalement transportable à l'écran.* (*Variétés, les Quatre Diables,* et autres films tournés sur des balançoires accrochées aux cintres, montrent qu'on était loin de compte, et les films sportifs ne sont plus tournés pendant un championnat.) A son tour, la T. S. F. « adapte », en introduisant un meneur de jeu, en incorporant au texte certaines indications scéniques, en « sélectionnant » l'opérette ou la comédie (on laisse de côté ce qui n'est pas radiogénique, les figurants trop nombreux deviennent un bruit de foule, les rôles secondaires sont coupés ou dotés d'accents anglais ou marseillais pour éviter la confusion, etc...) Parfois aussi, le microphone capte le bruit d'une conférence ou d'une cérémonie, dont l'attrait *paraît totalement transportable chez les auditeurs...*

Enfin, et c'est le plus fâcheux, la T. S. F., après le cinéma, fait appel aux comédiens professionnels sans oser leur demander de rien changer à leurs habitudes de scène.

Les responsables de ces erreurs sont moins les auteurs que le public : son imagination, méfiante, ne demande qu'à reconstruire instinctivement les tréteaux familiers et rassurants du théâtre ; il lui suffit d'un point de repère, du moindre noyau de cristallisation : hier, au cinéma, la pose « mimique », aujourd'hui, à la T. S. F., l'emphase « comique ». Cette opération mentale automatique épargne un effort à l'auditeur, mais elle est nuisible à l'avenir de la critique d'art radiophonique, car elle crée ce que les théologiens appellent une « superstition », survivance d'un concept ancien dans une réalité nouvelle. (Il faudrait, en raison de son contenu conventionnel, rayer le mot « théâtre » du vocabulaire radiophonique.)

C'est ainsi qu'après « *l'arroseur distrait* », des comédiens notoires ont pu longtemps, en d'ahurissantes contorsions, crachotter silencieusement leurs vieux bouts de rôle à l'écran (Sessue Hayakawa est, je crois, le premier acteur qui ait renoncé à remuer les lèvres.)

C'est ainsi qu'après « *Mare-Moto* », nous supportons, sans pouffer, que la T. S. F. diffuse les inflexions avantageuses et les halètements tragiques d'un acteur qui, dans l'auditorium, et dans notre imagination, titube et se fend, les yeux fermés et la main sur le cœur.

(*Le Pont du Hibou*, est la première radiodiffusion pour laquelle une diction appropriée ait été tentée.)

*
* *

Considérons enfin que l'auditeur de T. S. F. est généralement seul. Si l'on se place au point de vue « culturel », c'est d'une importance capitale. Tous les Français, en effet, pensent avec Clavaroche que : « tout ce qui ne se sait pas s'ignore et, par conséquent, n'existe pas ». Dostoiewsky ne pouvait pas comprendre qu'en France une offense publique fût plus grave qu'une offense secrète. Le respect humain est, chez nous, la plus grande cause d'incompréhension. *Les détracteurs de Wagner, de Debussy, de Stravinsky et de tant d'autres, eussent-ils sifflé chacun chez soi, si ces auteurs leur avaient été révélés par T. S. F.? Pour parler sérieusement, eussent-ils, en tous cas, tous fermé leurs appareils?*

Je crois donc que le directeur artistique d'un poste de T. S. F., peut, en 5 ans, transformer l'esprit d'une génération, ébranler, remplacer et, peut-être, faire reviser les respects et les goûts reçus (5), *d'autant plus que, grâce au caractère confidentiel de la réception radiophonique,* tous les inquiets, tous les glorieux, tous les lecteurs sournois de dictionnaire, tous les clients des doctrinaires des journaux quotidiens, touchés dans la solitude de leur chambre — *sans que rien leur rende sensible qu'ils ne sont pas seuls à entendre,* — se transformeront obscurément en *initiés.* Demandez donc aux prédicateurs religieux de nos grands postes ce qu'ils obtiennent avec leurs sermons hebdomadaires !... Ils n'ont pas de mal à faire vaciller un mécréant timide surpris par l'émission et à lui interdire implicitement de leur couper la voix. Je ne sais qui a dit : « Jamais un sermon n'a provoqué aucune conversion. » *Je suis sûr du contraire depuis que des sermons se font par T. S. F. :* il suffit d'un orage dans l'air, d'un instant de détresse, d'une lettre retrouvée, d'une mauvaise action commise ou remémorée, le prédicant entre chez vous « comme un voleur », sans soutane et sans surplis, sans éveiller la défiance et sans se prêter à la discussion. Sa parole est sciemment soutenue ensuite par l'artillerie de la musique sacrée qui, pendant un quart d'heure, en prolonge l'effet dans les profondeurs les plus sensibles de la faiblesse humaine.

*
* *

Toutes ces considérations m'ont paru assez poignantes, et m'ont donné le vif désir de créer *une méthode de présentation radiophonique.*

Je n'ai pas vu l'adaptation cinématographique de *le Rouge et le Noir*, ni celle de la *Chute de la Maison Usher*. Si mauvaises, si révoltantes qu'elles soient pour les admirateurs de Stendhal ou de Poe, je me réjouis que leurs titres disent enfin quelque chose aux spectateurs qui n'auraient jamais lu les écrits d'où elles sont tirées. L'espoir d'une technique radiophonique qui permettrait d'offrir gratuitement au public, sous une forme délicieuse, un aperçu de la plupart des œuvres littéraires que j'admire, m'a séduit et j'ai essayé de contribuer à le réaliser. Il m'a paru plus utile d'entreprendre ce travail que de participer à la course échevelée engagée entre les adaptateurs radiophoniques, dont chacun veut à tout prix apporter le premier au microphone, les œuvres qui lui paraissent s'y prêter le mieux (6).

La télévision jettera peut-être un jour tout cela au vent (voir les passionnants commentaires de Dziga Vertoff sur les travaux des Kinoki-Radioki en U. R. S. S.) mais, avant d'être un cinéma, elle sera, elle est déjà, une lanterne magique, et, dans cet état, elle s'adaptera mieux à la méthode que je préconise qu'à toute autre forme de théâtre radiophonique. Et puis on ne ferait jamais rien... Donc, reprenons la question, honnêtement, au point où elle en est : à son commencement.

Chapitre II

Un des effets les plus « sociaux » de l'enseignement génial de Freud, c'est l'amincissement des cloisons qui, jusqu'à présent, empêchaient les hommes de se comprendre entre eux, et rendaient l'amour du prochain si difficile et son opportunité si discutable. Aujourd'hui la psychologie d'autrui ne nous apparaît plus comme un mystère à côté de notre propre mystère, mais comme une combinaison particulière des phénomènes dont nous avons appris à distinguer le jeu en nous. Nous sommes, par réciprocité, plus attentifs aux manifestations les plus insignifiantes des esprits qui ne nous ressemblent pas : elles peuvent éclairer une partie de nous-mêmes.

Les réflexions qui vont suivre ont pour point de départ quelques remarques qu'il est étonnant que personne n'ait faites avant moi — on observe toujours trop haut :

La radiodiffusion a d'innombrables amis. Une élite de plus en plus nombreuse s'intéresse aux programmes, les commente, les critique. Or, exception faite pour les optimistes bêlants et pour la douzaine de professionnels de la question, personne ne s'intéresse au théâtre radiophonique. Identiquement, tout ce qui compte au cinéma, Chaplin, René Clair et dix autres, accueille le cinéma parlant avec la plus mauvaise grâce.

N'en déplaise aux fanatiques du progrès et à leur confiante impétuosité, ici et là, il y a de quoi réfléchir. Cependant, comme je l'ai dit, le théâtre radiophonique s'installe depuis plus d'un an, une ou deux fois par semaine, dans les émissions de tous les grands postes. Doucement donc ! Les journaux assurent qu'on tourne des films parlants dans tous les studios. C'est peut-être aller bien vite ! Les deux petits phénomènes d'opinion que je viens de signaler sont les indices sûrs d'une ou de plusieurs *incompatibilités*.

Tout le monde d'ailleurs les pressent. Il est absurde et honteux de les négliger ou de les escamoter : cherchons à les préciser, peut-être y verra-t-on plus clair.

*
* *

« Enseignement » tient à « enseigner » par le radical, à « armement » par le suffixe, à « éducation » par le sens, à « justement » par le son.

DE SAUSSURE, cité par DELACROIX.
Le Langage et la Pensée,

Le problème liminaire de l'art radiophonique est celui-ci : pourquoi un fragment littéraire et, à plus forte raison, une scène dramatique donnent-ils des impressions différentes selon qu'on les entende au théâtre ou à la T. S. F. ? (J'ajouterai : ou selon qu'on les lise — ceci viendra plus tard, mais c'est pour couper court à la réponse absurde et ressassée : « Le sens de la vue fait défaut. » Comme si c'était si simple ! Le sens de l'ouïe fait bien défaut au cinéma et on s'y amuse un peu plus qu'à la « présentation radiophonique » de la *Mort de Pompée !*)

Parce que, au théâtre et au cinéma d'une part, à l'écoute de la T. S. F., du téléphone ou à la lecture de l'écriture, d'autre part, *l'esprit fonctionne de façons différentes.* Dans les deux premiers cas, il est assailli par des *sensations,* dans les autres, il travaille sur des *images.*

Pour jouer sur le mot « image » pris à la fois dans son sens usuel et dans celui où la terminologie des psychologues l'oppose à « sensation », disons qu'en T. S. F., l'auditeur fournit ses images lui-même ; au théâtre et au cinéma, le spectacle les lui prépare. Ce n'est pas sur ce qui se passe sur la scène ou sur l'écran, mais sur l'image subjective (7) — presque semblable à l'image scénique « sensationnelle » — que travaille l'esprit du spectateur. (Pour illustrer le pouvoir d'illusion dont il est capable et qui varie avec la nature des perceptions qui caractérisent les différentes formes théâtrales, rappelons lourdement que, dans le rôle d'Yseult, par exemple, l'emploi d'une actrice laide est absolument impossible au cinéma, difficile à la comédie, très possible à l'Opéra, indifférent à la T. S. F.). On peut dire pratiquement que :

1° les images physiques qui constituent le théâtre

et le cinéma sont essentiellement *productrices de sensations* ;

2º la musique, *les sons* sont surtout et d'abord *producteurs de sensations*. (Certains amateurs de musique transposent partiellement ces sensations en images, les musiciens véritables s'en offusquent);

3º la plupart des mots sont presque uniquement *producteurs d'images*. (L'étude du langage nous apprend que ceci n'est pas absolument vrai, surtout dans le cas de la lecture, mais nous pouvons l'admettre provisoirement, comme on admet que la lumière se propage en ligne droite.)

L'erreur générale a été d'oublier que les *mots sont à la fois des faits sonores et des symboles, donc des producteurs d'images et de sensations simultanées* (8).

Entendus, et en même temps mimés, (ou lus par un individu cultivé, à qui l'aspect physique des mots suffit pour que se produisent des effets identiques à ceux des images auxquelles ces mots sont associés — c'est pourquoi, pour beaucoup d'entre nous, la lecture de pièces comiques écrites avec soin, comme celles de Meilhac et Halévy ou certaines farces de Courteline, est bien plus amusante que leur spectacle —-) ils sont presque tout *sensation* et ce qui en eux fait image, contient la caractéristique de la sensation : la *croyance* (9). Entendus seulement, (ou lus par un enfant ou un individu peu cultivé, qui, lui, est obligé de passer d'abord par l'image), ils ne sont plus qu'image et la caractéristique de l'image, c'est *l'absence de croyance*. L'intonation n'y change rien, car elle risque de créer sensation *à côté* de l'image et non *dans* l'image : une voix crie *Chandernagor* — sensations possibles entre cent : dispositions provoquées par un cri de guerre, douceur de la chaleur tropicale, etc..., seule image possible (pour qui connaît le mot Chandernagor et ne le prend pas pour un nom de chien) et plus ou moins circonscrite : *l'Orient*. Autres exemples : les mots " compendieusement ", " podagre ", " errement " signifient le contraire de ce qu'ils paraissent vouloir dire, et les écoliers n'admettent qu'à regret le sens et le genre attribués au mot « mousson », etc. Une partie du mystère de la poésie est là : dans le rapport entre l'image et le sentiment.

Dans le cas de la T. S. F., les inflexions expressives, séparées de la mimique, sont donc négligeables ou *déroutantes*. (Certains drames radiophoniques donnés par des postes étrangers dans une langue qu'on ne comprend pas ne laissent pas d'être impressionnants.) Dans le cas du cinéma parlant, comment d'abord attribuer des voix naturelles à des représentations photographiques ? (Il est vrai qu'on vend dans les faubourgs d'assez jolies cartes postales en couleur représentant de belles femmes dont la chevelure est figurée par de vrais cheveux collés sur la carte) (10). Comment ensuite mettre ces voix dans leur bouche ? (Pour savoir qui parle, on cherche sur l'écran le personnage dont les lèvres remuent ! C'est un petit jeu assez drôle mais il n'aboutit à aucune illusion.) Comment, enfin, superposer au petit bonheur des sources d'images à des sources de sensations ? *Ce n'est pas la même langue.* Le souci de « lisibilité » (qui donne une allure si particulière aux acteurs expérimentés quand ils tournent) ne peut s'accommoder du rythme de la parole dans le langage normal. L'élément musical peut arranger les choses. On l'a senti obscurément puisque le film parlant agonise et que le film sonore est déjà près de triompher.

Rappelons alors que les sensations sont des faits ayant des causes physiques et des effets mentaux;

autrement dit : est sensation tout ce qui nous parvient par l'intermédiaire de nos sens, et, par conséquent, *accompagné du sentiment de sa réalité physique* : les spectacles que nous voyons, les sons que nous entendons... J'insiste : les *sons*, pas les mots.

Rappelons, d'autre part, que les images sont des sensations produites par des excitations centrales, c'est-à-dire des sensations ayant leurs causes physiologiques dans le cerveau seulement, à l'exclusion des organes des sens et des nerfs qui relient ceux-ci au cerveau, que les images sont, comme le poignard de Macbeth, « visibles mais non sensibles », indépendantes des lois physiques, irréelles, (ce qui ne veut pas dire inexistantes), irréelles, cependant, et *accompagnées du sentiment de leur irréalité.* (Certains auteurs définissent les images : souvenirs ou copies de sensations.)

Une image ne peut être considérée comme une sensation, *elle n'est pas croyable;* (9) si elle l'était, elle prendrait les signes distinctifs du surnaturel, (hallucination), et l'erreur qui consiste à prendre une image pour une sensation est le *propre des rêves,* et seulement des rêves nocturnes.

***

On commence alors à comprendre les raisons de cette « froideur », de ce « manque d'atmosphère » qui rend les auditions radiophoniques si équivoques, dont tout le monde parle et que personne n'explique. (11) Au théâtre, au cinéma, les images subjectives, créées *instantanément* et sans peine d'après les images physiques, sont accompagnées de sensations qui rendent le spectacle croyable. En T. S. F., les images psychiques sont difficiles à créer et surtout à maintenir. Chaque mot frais entendu, par lui-même et par ses rapports avec les mots qui l'ont précédé, risque de faire chavirer tout l'appareil imaginaire. Les mots abstraits sont autant de boulets rouges : employés *logiquement* pour, dans une phrase, articuler les mots-images conformément à la pensée de l'auteur, ils ne s'adressent ni à la sensibilité, ni à l'imagination, mais à la raison, et donc alourdissent et freinent le développement et le jeu des images.

Si le fief de l'art théâtral, de l'art muet est celui des sensations, si l'art du cinéma parlant est appelé à s'y cantonner aussi presque exclusivement, (il comprendra vite que c'est un langage musical qu'il lui faut pour, dans la fiction, marier les mots-images aux photos-sensations et, s'il continue à employer des mots, il tâtonnera longtemps avant de savoir comment s'en servir), l'art radiophonique est et restera proprement *le domaine des images éveillées par les mots* (par là il viendra peut-être en partie en aide au cinéma parlant), sa technique doit être *de rendre ces images vivantes*, de les maîtriser, de les manier. Tâche nouvelle et difficile : **« Les images, le langage intérieur compliquent la compréhension... Rien de plus dangereux pour le parleur que d'éveiller des images, à moins qu'il ne sache les discipliner et les amortir à point nommé »**. (DELACROIX, Langage et pensée.)

« [*Sur la scène*] *Lucie de Lammermoor s'avançait, à demi soutenue par ses femmes, une couronne d'oranger dans les cheveux et plus pâle que le satin blanc de sa robe. Emma rêvait au jour de son mariage et elle se revoyait là-bas, au milieu des blés, sur le petit sentier, quand on marchait vers l'église.* »   MADAME BOVARY.

> *« ...le lecteur rêve qu'il est à la place du héros
> et il trouve une pareille représentation fort
> agréable. »*
>
> SCHOPENHAUER, die W. als W. und V.

Avant de m'appliquer à l'étude dont on vient de lire le résumé — et qui fait peut-être faire un pas en avant à l'art radiophonique, — j'avais, en 1928, proposé intuitivement les grandes lignes d'une nouvelle *méthode d'adaptation* basée sur l'instinct profond qui fait que nous nous « identifions » obscurément avec tel personnage romanesque qui nous plaît, que nous nous confondons avec lui pour « vivre » ses aventures, qui fait que nous avons tendance à « entrer dans l'action ».

J'avais eu l'idée d'utiliser cette tendance en rédigeant un récit de telle sorte que chaque auditeur puisse croire qu'il en est le héros, ce qui tout naturellement m'avait fait penser au rêve.

On rêve en dormant, soit : mais encore ? quand il fait nuit, quand on est seul, en écoutant la musique, en entendant le bruit de la mer...

Pourquoi ne rêverait-on pas en écoutant la T. S. F. ?
Il suffit d'ailleurs d'écouter pendant quelques instants la diffusion d'un air ou d'un poème quelconque, pour avoir l'idée d'éteindre la lumière, de s'étendre et de fermer les yeux, pour remarquer que ces conditions matérielles sont précisément celles du rêve, pour voir surgir, avec une facilité et une netteté singulière, d'abondantes images, dues à la *collaboration* de l'auteur du morceau radiodiffusé et de la mémoire mise à contribution par les goûts, pour sentir, en revenant à la réalité, que l'esprit a été plus *ravi*, plus *distrait* que par n'importe quel spectacle, audition normale, lecture : *il semble qu'on se réveille*, pour être, en un mot, conduit par l'expérience, comme on l'est *a priori* à la proposition suivante :

Le film radiophonique consistera en scénarios rédigés et lus selon certaines règles qui faciliteront à chaque auditeur en état de demi-sommeil l'adaptation automatique de ces scénarios à sa propre personnalité : il vivra un rêve dirigé.

****

> « *Tu bâtis dans le sein des ténèbres, avec les matériaux imaginaires du cerveau, des cités et des temples qui dépassent en splendeur Babylone et Hécatompylos.* »   THOMAS DE QUINCEY.

> « *La vraie réalité n'est que dans les rêves.* »
>   BAUDELAIRE.

« Demi-sommeil » et « rêve »... Encore ! me dira-t-on. Ces bases fondamentales de votre projet ne sont que les poncifs de ces dernières années... C'est vrai. Mais l'emploi que j'en propose est nouveau.

En effet (à l'exception des médecins), personne, même les surréalistes, mystiques du subconscient, n'a jamais demandé aux plus proches émanations de cette région psychique — rêves du sommeil ou du demi-sommeil — autre chose que *l'inspiration* (littéraire, artistique, philosophique, politique, etc...)

J'ai d'ailleurs beau jeu à montrer schématiquement que, sur les points où elles se rencontrent, la doctrine surréaliste et ma conception d'un moyen d'expression nouveau, propre à la T. S. F., s'opposent. (On trouvera, en Appendice, une confrontation sommaire de nos propos respectifs avec les données de la science de l'esprit actuellement vulgarisées.) Le rêve n'est plus *l'origine* de l'œuvre, il en est le *but*. Le demi-sommeil n'est plus utilisé comme *état créateur*, mais comme *état récepteur*. Le jeu automatique des associations, l'imprégnation par le matériel subconscient des images créées dans le préconscient n'incombe plus obligatoirement à *l'auteur*, mais au *public*. A lui les reinettes pourries et les boules de cristal !

III

Chapitre III

« *Le monde du jeu est le paradis du « comme si »
du « on dit », formules par lesquelles beaucoup
d'enfants affirment et posent la convention ini-
tiale du jeu : mot magique qui est le « Sésame
ouvre-toi » de cet autre monde.* »

H. DELACROIX.

Ayant donc posé les règles qu'on va lire, j'ai appli-
qué la plupart d'entre elles à l'adaptation radiophonique de *Un Incident au Pont d'Owl-Creek*, nouvelle
d'Ambrose Bierce, obligeamment radiodiffusée sous
le titre de *Un incident au Pont du Hibou*, par
Radio-Paris, le 8 Mai 1928, et par Radio Juan-les-
Pins, le 26 février 1929.

C'est l'histoire d'un planteur américain sudiste qui, pendant la Guerre de Sécession, essaye d'incendier un pont. Les fédérés le surprennent et le pendent. Entre le moment où la corde se tend et celui où elle reste immobile, les hallucinations de l'agonie font *vivre* au planteur un rêve d'évasion. Soudain le tambour de la parade d'exécution « ferme le ban », et, remettant le monde réel en scène, rend brutalement sensible la chute du supplicié dans le néant.

J'avais prié les auditeurs de se tenir dans l'obscurité, de fermer les yeux, de *jouer à être ce planteur*, et de m'écrire leurs impressions : avec une quantité très satisfaisante d'invectives et de moqueries, (12) j'ai recueilli ainsi des témoignages fort intéressants comme on pourra en juger par ceux que je vais avoir l'occasion de citer.

*
* *

> « *Le récit fut conduit avec beaucoup d'art. Des dames criaient :* « *C'est horrible* ». *Toutes se voyaient emportées dans l'automobile fantôme par un chauffeur mystérieux.* »
>
> PIERRE LOUYS.
> L'Aventure extraordinaire de Mme Esquollier.

> *« Tout ce qui arrive aux autres nous arrive à nous-mêmes. »*
> O. WILDE.

1° *Identification de l'auditeur avec le héros du drame ;* obtenue *par convention* au début du récit, *mais automatiquement maintenue* dans la suite en flattant la tendance à l'assimilation des sentiments d'autrui (voir paragraphe suivant), la tendance à la participation.

Voici quelques témoignages :

« *Il me semble avoir vécu l'histoire. Cela doit consister en une sorte de suggestion qui aura, je pense, agi sur beaucoup de personnes. J'ai même tellement suivi l'histoire que je la devançai même à plusieurs reprises : en particulier lorsque le planteur prend la décision d'aller incendier le pont, je pourrais presque dire que je la pris aussi.* » (R. R., rue Louis-Blanc, au Pré-Saint-Gervais).

« *Je me disposais vraiment à mettre le feu rapidement au tas de bois sec, lorsque j'ai été surpris et mis en état d'arrestation par la sentinelle ennemie et cela juste au moment où je pensais que j'avais oublié mes allumettes.* » (H. C., Pont-à-Mousson).

« *Quand les tambours eurent fermé le ban, nous sommes restés quelques minutes à réintégrer notre logis et je me revois encore secouant les épaules pour chasser ce qui restait du planteur et redevenir moi-même.* » (B. DE L.)

L'identification, le processus connu en psychologie sous le nom général de Einfühlung, sur quoi reposait l'expérience, ont, on le voit, joué très largement.

*
* *

« *Tout art est une collaboration.* »
SYNGE.

2º Pour favoriser l'assimilation, *introduire dans la narration des silhouettes à compléter :* « la maison où vous êtes né », « ceux que vous aimez », « la femme rencontrée un jour et que vous n'avez jamais oubliée », « votre médecin », etc... (13) ou *des provocations de sensations subjectives :* « il fait froid », « vous avez faim », etc...

« Ceux que vous aimez » a corsé l'émotion de certains auditeurs : « *Voir la mort à deux doigts, et rêver... rêver qu'on se sauve, qu'on revoit les siens qui vous ten-*

dent les bras, qu'on revoit sa maison, son bois, les choses qu'on aime, enfin son tout. » (Lettre d'un auditeur de Juan-les-Pins).

« Vous avez froid » est passé inaperçu, car l'action avait déjà créé sa température, sa lumière, sa saison, etc..., différentes chez chaque auditeur.

Les notations de cette dernière espèce ne devront donc être employées que pour renforcer une sensation qu'un auteur expérimenté sera sûr d'avoir créée. (Si jamais on peut en être sûr ! car ce passage d'une lettre de H. M. C. à Cagnes (*audition de Juan-les-Pins*) montre que nous sommes encore loin de cette maîtrise idéale : « *C'était au crépuscule... par un chaud soleil d'un matin de juillet !* » Rien n'est plus « rêve » d'ailleurs que cette impression « composée »).

*
* *

> « *Sujet, forme, durée, acteur, spectateur, dans ces comédies (les rêves), vous êtes tout vous-mêmes !* »   NIETZSCHE, Aurore.

3° Au fil du récit, les images évoquées, leur formation, leur jeu, les impressions qui les accompagueraient, ressembleraient-elles, comme je l'avais espéré, à celles qui caractérisent *les rêves ?*

« *Votre expérience donne exactement l'impression du rêve, la corde au cou m'a laissé une impression désagréable.* » (P. B., avenue de Clichy.)

« *L'espèce de magnétisme qui se dégage petit à petit..., le coup de sifflet nous réveilla brutalement à la fin de l'espèce de rêve.* » (B. DE G. KNOCKE, Belgique.)

« *L'impression de vérité ressentie fut si forte que le point final nous laissa comme anéantis après l'espérance du sauvetage miraculeux.* » (R. J. rue Jean-Jaurès, Champigny.)

« *Et, emporté par le rêve, par le cauchemar plutôt, j'ai été brusquement réveillé, brutalement amené à la réalité par le « Fermez le ban !* » (R., rue Oberkampf, Paris.)

Ces déclarations bénévoles ont évidemment leur poids. Mais elles n'établissent pas d'une manière absolue que certains auditeurs *ont rêvé.*

Nous aurons cette certitude si, en examinant les lettres clairvoyantes ou naïves que nous avons reçues, nous y trouvons des traces d'opérations mentales analogues à celles qui constituent le mécanisme du rêve.

Rappelons les caractéristiques de ce mécanisme :

On appelle « contenu manifeste du rêve », le rêve tel qu'on le trouve dans sa mémoire. La psychanalyse établit que ce rêve manifeste est constitué par des pensées latentes, (de nature généralement verbale), issues du subconscient, déplacées, condensées, transposées et transformées en images concrètes, (de nature généralement visuelle), au cours du travail d'élaboration. Le rêve est donc la forme que ce travail d'élaboration donne aux idées latentes.

J'avais proposé (*N. R. F.*, du 1er mars 1928) d'introduire par T. S. F. dans le subconscient de chaque auditeur (14) un scénario dépouillé, avec l'espoir que ce scénario s'y comporterait comme un écheveau d'idées latentes, et que, subissant en se déroulant le travail d'élaboration, il deviendrait un rêve. Chaque auditeur prendrait alors conscience d'un rêve différent — toujours dans sa forme et quelquefois, mais rarement, dans son fond (voir les deux premières lettres citées ci-après) — car : « **C'est le matériel latent du rêve qui détermine le contenu manifeste presque dans ses moindres détails.** ». (Le Rêve et son interprétation.)

Lisons d'abord la lettre du docteur J. G., ex-chef de Clinique à la Faculté de Médecine de Bordeaux, ex-interne des Hôpitaux, médecin en chef de l'Hôpital de C... :

« *Ce qui m'a le plus frappé, c'est qu'au lieu de provoquer en moi une suite de tableaux originaux, le récit se plaçait dans des paysages et avec des personnages connus, existant dans mon subconscient.*

« *C'est tout à fait le mécanisme du rêve : je m'explique. Le planteur sudiste est assis, devant sa porte, sur un banc. Image évoquée : l'illustration grotesque qui a longtemps servi (et qui sert peut-être encore) d'enseigne au Planteur de Caïffa, et qui m'avait beaucoup amusé par son poncif : le gros homme assis la pipe au bec, regardant travailler des noirs.*

« *Un cavalier d'allure mystérieuse surgit : image évoquée, le cavalier du film Tao au ralenti, parmi les populations effrayées.*

« *Le pont du Hibou : l'image s'impose à moi d'un pont de bois dont j'ai gardé la photographie, que j'ai vu en Cochinchine et ceci d'une façon catégorique.*

« *Le planteur ligoté, les troupes alignées : une gravure récente montrant une exécution au Mexique.*

« *La scène de la noyade : une foule de « déjà vus »,
affiches murales, scènes de ciné, avec des gestes connus.*

« *Et puis la forêt. Là, quelque chose de bizarre.
D'abord, la forêt tropicale, maintes fois décrite, et, par
hasard, la description d'Albert Londres, dans son récit
d'évasion du bagne de la Guyane, avec les animaux
qui la peuplent : boas, araignées-crabes surtout. Mais
le récitant ne parle que de la végétation, sa forêt ne vit
pas, et voici l'allée toute droite, à l'infini, bordée de
troncs tous semblables, et rigides, sans faune grouillante,
alors pas de « végétal irrégulier », « silence et éternité »,
c'est le paysage du « Rêve parisien » de Baudelaire, à
quoi je pense aussitôt — ou plutôt à l'image que j'en avais
conservée, car ce souvenir vérifié ce matin est faux —
puisqu'il n'y a que « du métal, du marbre et de l'eau »,
dans le poème (15).*

« *La fin du rêve, rapide, brusque, ramène la vision
déjà connue du peloton d'exécution de l'Illustration
(image d'ailleurs inexacte, puisqu'on ne fusille pas dans
le récit, mais il y a dans les deux cas, des hommes
alignés, un chef qui commande l'exécution, un homme
ligoté.)* »

Mon correspondant déclare qu'il « n'a pas rêvé »,

mais son compte rendu lucide montre d'une manière éclatante le développement classique du travail d'élaboration qui caractérise *le rêve*. Bornons-nous à citer en guise de commentaire un fragment de Freud (Le Rêve et son interprétation.) :

« Le contenu manifeste du rêve n'étant formé que de situations concrètes, il faut nécessairement que pour s'y introduire les idées latentes subissent un travestissement qui les rende utilisables pour la représentation...

« Dans le fond psychique qui alimente ces idées, il se rencontre, fréquemment des souvenirs de choses vécues, impressionnantes... elles servent de noyau de cristallisation autour duquel vient se ranger et se grouper le reste du matériel. »

Citons encore cette lettre :

« Votre essai m'a beaucoup plu. Il m'a fait rêver pendant l'audition et après. Je suis très obéissante, aussi je me suis immédiatement vue en planteur. J'ai vu aussi le pont, qui est en bois et pas trop solide. Je me suis arrêtée brusquement à votre commandement et j'ai même senti la corde, puis, tout à coup l'idée baroque que

ce planteur était celui de Caïffa, qui étale son gros ventre, son chapeau et sa pipe sur les annonces m'est venue. Et, au lieu de m'identifier à lui et de me voir pendue, sous cette effigie bedonnante, j'ai passé dans le camp adverse : de pendu, je suis devenue pendeur, si je puis dire ainsi, et j'ai suivi avec indifférence les péripéties de l'exécution que j'avais ordonnée. J'avais, ce jour-là, mon beau costume et l'habitude de la guerre cuirasse contre les contorsions d'un planteur quelconque. Lorsque tout fut fini, je quittai ce pont pour aller vers d'autres exploits. En partant de ce début macabre, j'ai rêvé d'autres aventures qu'il serait trop long de vous raconter.»

« Maintes fois, j'ai été fusillée comme espionne ou arrêtée comme criminelle, mais je n'avais jamais été pendue, c'est sans doute pourquoi, au dernier moment, je me suis dérobée à votre suggestion. Bénie soit l'image du Caïffa, qui m'a épargné cette fin ! (16) » (Mlle G., à Lorignac.)

Et celle-ci :

« Personnellement, j'ai assisté à tout le drame. J'étais placé sur la rive gauche du fleuve, à 50 mètres en aval du pont, je voyais une trentaine de soldats, vêtus comme des boys-scouts (qui ne me voyaient pas), qui se chamail-

*laient sous le pont, (comme les Américains des films),
puis brusquement tiraient tous, dans la même direction,
au milieu de la rivière, après le pont, sans ordre, des
coups de revolver; sur le pont, je voyais le condamné,
en tenue de joueur de tennis, nu-tête, le col de la chemise
dégraffé, les manches retroussées, entouré de cinq à
six boy-scouts grande taille, sous les ordres d'un autre
plus fort, et une jeune femme, grande, mince, à cheveux
blonds clairs, longs et pendant sur les épaules d'où des-
cendait une longue robe claire qui tombait sur les pieds
nus. (Des soldats, je n'ai pas remarqué les chaussures
de cette femme, j'ai remarqué les jolis pieds blancs, nus,
propres comme tout en elle, sur ce pont fait de troncs
d'arbres jetés en hâte.) Cette femme? L'esprit du
drame? légèrement estompée, elle ressemblait à la fois
à la Sainte-Geneviève de Puvis de Chavannes du Pan-
théon, à Louise Michel pendant la Commune (telle
que je me la suis imaginée), à je ne sais quelle femme
mousquetaire, à la cavalière Elsa...»* (H.M.C., avenue de
Grasse, Cagnes-sur-Mer. Auditeur de Juan-les-Pins.)

Voilà des cas purs : la première lettre exprime
un état de contemplation paisible avec oubli de oi
(*Zufühlung-Mitspieler*) ; la deuxième, ainsi que celles

qui vont suivre, correspond à l'état de contemplation active avec transposition de soi (*Einfühlung-Zuschauer*), la troisième indique un comportement moyen qui serait typiquement celui de l'auditeur d'un radio-film.

Pouvait-on espérer mieux ?

Les récits de l'*Incident du Pont du Hibou*, que j'avais demandé qu'on m'envoyât, montrent que le travail d'élaboration, sans être aussi self-conscient ni aussi accentué que ceux qui apparaissent dans les trois lettres ci-dessus, a toujours existé : l'un a vu les soldats en ombres chinoises et la forêt funèbre pleine de formes indécises et glissant entre les troncs; l'autre a vu des torches s'allumer, et le pont éclairé par un faisceau lumineux. L'un a vu la route blanche; l'autre l'a vue envahie par les herbes; l'un a vu le tas de bois à droite du pont, l'autre à gauche. L'un marchait sous le soleil, l'autre au clair de lune. L'un avait chaud, l'autre était glacé, etc...

Reprenons l'examen des lettres tendant à établir que des auditeurs ont rêvé :

Un bref rêve préliminaire joue par rapport au rêve principal subséquent le rôle d'une introduction ou d'une motivation.

Un rêve nocturne n'est pas autre chose que le rêve éveillé rendu plus souple, grâce à la liberté nocturne des tendances, déformé par l'aspect nocturne de l'activité psychique. (Introd.)

« *Monsieur et Madame ont été se coucher après votre audition.*

« *Cinq heures du matin. Madame fait un mouvement qui réveille Monsieur.*

« *Monsieur. — Eh bien, as-tu bien dormi ?*

« *Madame. — Je viens de me réveiller en sursaut, je rêvais à leur pendu. Je ne veux plus l'entendre, tu sais, leur sale machine.* » (X., Tours.)

Mademoiselle X... habitant Paris, rue Damrémont, après avoir écouté avec plaisir le concert qui suivit à Radio-Paris, *Un Incident au Pont du Hibou*, s'est couchée, en parlant de choses diverses avec sa mère, s'est endormie et a été réveillée à une heure du matin par une voix qui chuchotait : « *dégagez votre cou* », en même temps qu'elle éprouvait une douleur à la gorge et une sensation d'étouffement.

Une seule idée latente peut être représentée par plusieurs détails du rêve manifeste; entre le contenu manifeste du rêve et son contenu latent, il se forme un

réseau complexe de fils entrecroisés. (Condensation et dramatisation.) (Le Rêve et son interprétation.)

Ces deux dernières lettres ne sont donc pas sans intérêt :

« *...Après avoir dormi, vers quatre heures du matin, une personne de ma famille était accusée d'assassinat, à tort d'ailleurs. M'étant mis à la recherche du coupable, je parvenais à le faire arrêter. Il était sous l'influence de la boisson à ce moment. Un tribunal convoqué d'urgence le condamnait à être exécuté sur-le-champ : la guillotine était dressée sous ses yeux.*

« *Et l'ivrogne soliloquait comme peut le faire un ivrogne en pareil cas; considérations politiques, morales, sociales, philosophiques touchant sa situation. Très intéressant. Les apprêts terminés, on lui offre, plus grand que de coutume, le verre de rhum traditionnel qu'il avale d'un trait. Ceci achève de lui faire perdre la notion des choses et il s'endort, les deux bras sur une table. On profite de son sommeil profond pour le saisir, lui passer le cou dans la lunette* (voir note 16). *Et le couperet tombe.*

« *Voilà le résultat de votre émission.* »

(X., Le Perreux).

« *Après m'être plongé dans l'obscurité et avoir fermé les yeux, j'ai imaginé être le héros de la pièce. Mon imagination a été tellement frappée que je viens cette nuit de faire un rêve très curieux. Des personnes me mettaient dans un cercueil, et, après l'avoir fermé me faisaient incinérer. Mais, moi-même, ou plutôt « un double », assistait à l'opération et, après qu'on eut mis les cendres dans un vase d'argent, on me les mit dans les mains et je touchais un vase brûlant qui contenait mes propres cendres. Vous voyez donc que, quant à moi, l'expérience a vraiment réussi.* » (R. DE B., rue de Monceau, Paris.)

*
* *

« *En repassant soigneusement tous effets artistiques ordinaires ou tous* détails, *dans le sens théâtral du mot, je m'aperçus bientôt que le* refrain *était le plus usuellement employé.* » EDGAR POE,
La Philosophie de la Composition.

4º Pour renforcer les images, j'avais proposé (*N. R. F.*, du 1ᵉʳ mars 1928) de faire *répéter* certaines phrases par *d'autres* voix que celle du récitant. Je voulais qu'en s'enchevêtrant, ces voix brochassent sur la trame du récit de fond.

Dès la première répétition, j'ai capitulé devant le risque de dérouter l'auditeur. Je n'ai usé que d'une voix étrangère, en lui réservant un moyen de diction radiophonique presque inusité en France : *le chucho-tement tout près du microphone.* Cet essai prudent m'a d'ailleurs confirmé dans mes vues. On peut et on doit tirer de l'emploi de voix différentes des res-sources immenses : actuellement, pour mettre en valeur un passage important, l'acteur, aussi bien au théâtre que devant le microphone, hurle ou « détache » ses mots. Je me souviens d'une représen-tation de *Maman Colibri.* On sait qu'au dernier acte, l'héroïne, vieille et déçue, vient sonner chez son fils. Reçue par une servante méfiante, elle veut la rassurer et en même temps faire entendre au public qu'elle n'est plus la coquette et l'amante des premiers actes. Elle doit donc laisser tomber tristement ces mots : « *Je peux entrer, je suis la grand'mère !* » Or, pour se donner des chances d'être comprise de quelques personnes dans la salle, la malheureuse actrice devait dire : « *Je peux entrer...* », prendre un temps, venir se placer devant le trou du souffleur, lever vers le ciel un index tremblant, fermer les yeux, renverser la tête en arrière, crier lentement : « *Je suis la grand'-mère* » laisser tomber sa tête sur sa poitrine et s'en aller, voûtée !...

Pourquoi ne pas faire reprendre les fragments d'une tirade comme en écho, soit par le récitant lui-même, soit par d'autres voix et sur tels nouveaux tons déterminés par l'auteur ?

Exemple : le récitant : « *Il y a plus de choses dans le ciel et sur la terre que n'en rêve toute votre philosophie, Horatio !* »

Deuxième voix enflée : « *Plus de choses, Horatio...* ».

Voix du récitant, doctorale, lente, plus bas que la phrase précédente : « *Plus de choses que n'en rêve toute votre philosophie...* ».

Voix de femme (légère comme un souffle) : « *votre philosophie...* ».

Instrument de musique (en sourdine) : *six notes sur le rythme de* « *vo-tre-phi-lo-so-phie...* » (17).

N'est-ce pas un moyen spécifiquement radiopho-nique et qui donne déjà à la T.S.F. une richesse dont le théâtre ne dispose pas ? Puisque ces comparaisons sont à la mode, on peut voir là le « gros plan » du cinéma qui, dans un tableau d'ensemble, permet de mettre un détail en valeur. En baissant les tons et les timbres successifs jusqu'au chuchotement, on créera le « fondu enchaîné » acoustique.

*
* *

> « *Tu sais quel charme il y a dans les sons de la musique quand ils retentissent à travers la nuit silencieuse. Il me semblait alors que, au milieu de ces accords, il y avait une voix charmante, la voix de quelque esprit qui me parlait...* »
>
> HOFFMANN, les Automates.

5° *Formation d'une troupe de voix.*

Si incroyable que cela paraisse, les metteurs en scène radiophonique ne se soucient pas des voix qu'ils emploient. (Je sais bien qu'ils n'ont guère le choix.) Des expériences de publicité ont montré qu'un même texte « rendait » dix fois plus qu'à l'ordinaire quand il était lu devant le microphone par une voix séduisante. Ne devrions-nous pas guetter systématiquement les représentations où figurent les actrices dont nous aimons la voix, comme nous allons sans autre rensei-

gnement voir un film où tourne Asta Nielsen, Cami-
lia Horn, ou Brigitta Heilm ? Hélas, sauf « Laporte-
Radiolo », il n'y a point encore de vedettes radiophoniques, et, pourtant, elles existent peut-être; lisez
plutôt cet extrait d'un article de Jean Masson dans
le *Journal* du 24 avril 1929 :

**« Berta Singerman dit les vers ou elle les chante.
Peut-être même ne fait-elle ni l'un ni l'autre : elle
« bruit » les poèmes et c'est bien plus beau que tout ce
que l'on peut imaginer... L'artiste, dit-on, n'eut pas
d'école ? Il n'est rien d'intellectuel dans cet art qui
évoque assez exactement l'idée d'une sorte d'ivresse
lyrique...**

**« Et voilà, sans doute, pourquoi Mme Berta Singer-
man peut, pendant des heures, dire des vers espagnols
devant une assemblée de Francais sans qu'aucun de ses
auditeurs échappe, fût-ce pour une seconde, à son
irrésistible charme. »**

La radiophonogénie est autre chose, je n'en doute
bien, mais n'y avait-il pas un essai à faire ?

Les chansons, grande ressource de la T. S. F.,
comment les exécute-t-on ? Une cantatrice, déployant
toute sa voix, produit des sons plus ou moins savam-

ment mélodieux, mais les mots qu'elle prononce sont bien plus inintelligibles qu'à la scène. Il me semble que la première adaptation radiophonique du chant qui doive être tentée, c'est la *demi-teinte*, la bouche près du microphone et les instruments d'accompagnement au fond du studio. Le rapport acoustique entre la voix et l'orchestre tel qu'il a été établi pour le concert n'est sûrement plus valable dans l'auditorium (18).

> « *Si j'étais encore assez jeune et assez osé, je violerais à dessein toutes lois de fantaisie ; j'userais des allitérations, des assonances, des fausses rimes, et de tout ce qui me semblerait commode.* »
>
> GŒTHE, Eckermann.

> « *Les arts phonétiques sont tout cela : forme verbale que prend une émotion qui s'observe ; à mi-chemin entre la musique et le langage intellectuel ; oscillant entre ces deux termes ; parfois chez certains artistes ou à certaines époques, tout près de n'être qu'un jeu de formes sonores : parfois*

> *tout près de se perdre dans l'intellectualité du discours logique.* "
>
> H. DELACROIX.

6° *Diction et langue radiophonique.*

« Le ton de la voix, l'aspect de la physionomie, l'attitude du corps sont partie essentielle du langage », a dit Bréal dans ses « Essais de sémantique ». Si le cinéma ou la T. S. F. supprime un ou deux de ces moyens d'expression, il est évident qu'il faut modifier et rééquilibrer ce qui reste. D'autre part : **« A la lecture ou à l'audition nous reconnaissons les mots courants d'après leur configuration générale, sans percevoir nettement les éléments qui les constituent. »** (DELACROIX.)

Regardez dans une église ou dans une salle de conférence, (*dans l'état actuel absurde du style oral*), l'attitude concentrée et tendue des auditeurs à qui un pilier ou une porte dissimule l'orateur. Comparez-la au maintien plein d'aisance de ceux qui tiennent leurs yeux fixés sur la chaire ou sur l'estrade. Vous verrez que le langage radiodiffusé ne peut être identique au langage ordinaire.

« Entrer par une oreille et sortir par l'autre », voilà, à la lettre, le sort de chacun des mots d'une causerie radiophonique telle qu'elle est comprise actuellement. Faute de signalisation, faute de repères plastiques, les mots laissent si peu de trace dans la mémoire qu'il est très difficile et très fatiguant de suivre le moindre développement. La musique d'accompagnement, dans une certaine mesure, *peut pallier* à cette infirmité du haut-parleur en jalonnant d'empreintes légères la fuite des mots dans l'imagination.

Si l'on admet donc (combien de modes récitatifs déjà composés n'aurait-on pas dû essayer? à quoi, mieux qu'à la radiodiffusion, auraient dû servir les travaux du P. Jousse, de Jean Paulhan, de Robert de Souza, etc. ?) que la musique d'accompagnement doive se charger de « l'impression » et que le texte ne soit pas « déclamé », mais que, comme un écran sonore, le haut-parleur débite des mots « réduits » à un ton uniforme, d'une intelligibilité parfaite et continue, on redoutera la stupeur du public et son ennui. Une solution vient à l'esprit : *rythmer le texte*, mais comment le rythmer dans notre langue atone et pour

toutes les oreilles ? Les malheureuses recherches des
« grands rhétoricqueurs » du xvie siècle pour une
langue oratoire (« cette fricassée de grec et de latin »
dont se moquait Etienne Dolet) ou celles de Scoppa
qui, au xixe siècle, publiait « *les vrais principes de la
versification* » (fondés sur les propriétés des langues
par rapport à la musique) nous montrent la seule
formule possible : *le découper librement suivant les
diverses mesures de vers classiques (avec une prédilection pour « notre impénitent octosyllabisme »*) *et, à la
fin des coupes, rimer tant bien que mal*; car il n'est pas
question, ici, d'un art poétique quelconque, mais
d'une formule de transcription comparable par exemple, au travail de M. Ernst qui, traduisant les
livrets des opéras de Wagner, s'est préoccupé uniquement d'ajuster son texte français à la musique écrite
pour le texte allemand (19). Il suffira aux adaptateurs de savoir compter sur leurs doigts jusqu'à douze
et de disposer d'un dictionnaire de rimes : et tant pis
si trois vers riment ensemble ou si, par ci par là, il
manque une assonance, et tant mieux si des rémi-
niscences viennent améliorer certains passages ou
même si des emprunts à de grands poètes trouvent

à s'insérer à propos. Je sais bien que cette méthode provoquera infailliblement les pires fautes de goût : mais y a-t-il quelque chose à gâcher ?

*
* *

> *« Je l'ai entendu désigner un objet matériel par un groupe de mots abstraits et de noms propres. »*
>
> P. VALERY, la Soirée avec M. Teste.

7° Enfin *la syntaxe et le vocabulaire radiophonique* sont à chercher. On aura utilement recours à certains explétifs et à certains temps. Citons encore Bréal :

« Une quantité d'adverbes, d'adjectifs, de membres de phrases sont des réflexions ou des appréciations du narrateur qui intervient dans l'action comme nous faisons nous-mêmes en rêve quand nous sommes à la fois spectateur intéressé et auteur des événements. Ces éléments subjectifs du langage peuvent être comparés à des gestes faits en passant ou à des regards d'intelligence jetés du côté de l'auditeur. Tels sont les pronoms explétifs où le conteur a soudainement l'air de prendre à parti son auditoire. »

(Au nom de quoi, d'ailleurs, les dramaturges d'aujourd'hui dédaignent-ils les monologues, les apartés et les apostrophes aux spectateurs ? Les effets prodigieux de ces artifices peuvent être pourtant constatés tous les jours à Guignol ! Et ne croit-on pas qu'une grande comédienne comme Mme Cheirel, qui joue en s'adressant fréquemment au public, ne réussit pas à le faire participer à l'action beaucoup mieux que M. Copeau qui construit un escalier à l'avant-scène, ou que M. Gémier qui place des acteurs dans la salle ?)

Tâchons d'amorcer l'étude des redoutables problèmes du vocabulaire, de la syntaxe et du style radiophonique par le rappel de quelques notions psychologiques élémentaires où nous trouverons déjà des indications sur le sens général à donner à nos recherches.

« Le sens d'un mot n'est pas absolument défini, il est toujours plus ou moins vague. Un mot est employé *correctement* lorsqu'il affecte l'auditeur moyen de la manière conforme aux intentions de celui qui parle. » (C'est là une définition psychologique et non littéraire de la correction du langage.)

« L'essence du langage réside non dans l'emploi de tel ou tel moyen de communication spécial mais dans celui d'associations établies de telle sorte que quelque chose d'actuellement sensible, un mot parlé, un dessin, un geste, etc... évoque l'idée de quelque chose de différent. Encore de nos jours, l'écriture en Chine est un langage indépendant, une représentation graphique directe, non de la parole, mais de ce qu'on veut exprimer. » (Elle est d'ailleurs compréhensible par des individus ignorant chacun le langage des autres.)

L'art radiophonique avec l'aide de la musique doit se rapprocher de ce mode d'expression, découvrir les symboles verbal-sonores (20) et apprendre à les présenter en les combinant. On voit donc la nécessité de l'élément musical dans toute expression radio-phonique d'une efficacité générale (21); la musique plus sévère du rythme poétique ne touchera pro-fondément le grand public que si les auteurs s'en tiennent aux mesures des vers classiques. Néan-moins, les temps sont proches pour les poètes. (« *La pure transcription phonétique nous ramènera Homère* ». — R. DE SOUZA).

On constituera le vocabulaire radiophonique en étudiant phonétiquement le pouvoir d'évocation et de suggestion des mots, et, indépendamment de leur sens, leurs propriétés métaphoriques, le champ d'action de leur valeur symbolique. On édifiera ainsi une technique et un «outillage» nouveaux, fondés sur les relations du langage et de la sensibilité (22) : répertoire d'associations, table des couleurs des mots, dictionnaire des noms propres et des images qu'ils éveillent, etc...

« Lorsque, au théâtre, nous entendons parler notre langue, nous complétons rapidement et inconsciemment ce que nous entendons réellement parce que, étant donné le sens du discours, nous devinons le reste comme devant sortir de la bouche de l'acteur, et nous serions tout étonnés si l'on venait nous dire que certains mots ont été tout simplement devinés et non réellement entendus par nous. » En radiophonie le manque de vision rend évidemment cette divination, cette anticipation, beaucoup plus difficile. On voit dès lors le danger des expressions littéraires insolites et surtout l'utilité du langage usuel *et des formules clichées* (formes proverbiales), plus ou moins longues, plus ou moins discrètes, qui, permettant à l'auditeur de savoir avant d'entendre, le mettront pendant quelques instants à la remorque immédiate de la pensée de l'auteur, comme on « entraîne » pendant deux kilomètres un coureur du Tour de France. (Cf, selon l'expression du P. Jousse, les « colliers de perles », les « chapelets didactiques », les « mots-agrafes » des récitatifs rythmiques.)

Enfin, il va de soi que le seul temps à employer est le « présent de l'indicatif » qui, comme un texte d'image d'Epinal, *emporte* l'auditeur (23). Celui-ci sera d'ailleurs interpellé sous toutes les formes possibles : « *il pleut... un homme surgit...* » dira le récitant ; « *courons à son secours... On parle là-bas...* » dira un figurant ; « *M'as-tu oublié, je suis ton premier amour...* » « *Je suis Robinson Crusoë, charmé de vous connaître...* » dira un protagoniste.

On voit que le problème n'est pas simple. Un dernier exemple soulignera la difficulté des recherches théoriques. Examinons-le par rapport au cinéma parlant : on comprend que le film parlant à cent pour cent, soit dans l'état actuel des choses un inadmissible mariage de la carpe et du lapin, et que sous peine d'une extrême médiocrité artistique (voir plus haut page 35) un explorateur figuré photographiquement sur l'écran ne pourra pas dire : « j'ai fait *trois fois* le *tour du monde*, et les *dangers* font mon *bonheur* » (à moins, peut-être, qu'il ne soit figuré en dessins animés ?) Chantée, cette phrase sera plus acceptable, car son rythme ressortira. Mais si l'on considère que *le cinéma parlant ne peut employer les mots que comme des instruments d'action psychique (images imaginaires) à combiner avec les images physiques de l'écran et avec les instruments de musique* (24), on ne retiendra de cette phrase que les mots-images en italique. Quant aux rapports qui unissent ces mots, il faudrait les exprimer autrement que par des mots abstraits sans pouvoir imaginaire. Faut-il chercher des moyens sonores de symboliser la causalité, l'analogie, etc... comme font des moyens graphiques dans les écritures primitives ? C'est peu tentant. Un code conventionnel de plus ? Ce serait navrant. Oublions donc nos habitudes civilisées de précision et de logique et affirmons que *ces rapports entre les images, l'auditeur les devinera* (25).

Il reste donc à confier à une ou plusieurs voix mélodieuses le soin de prononcer les mots : *trois fois, tour du monde, dangers, bonheur.* Faut-il, comme dans le texte primitif, avoir, en les habillant, recours à la prosodie ? Faut-il prétendre au cinéma parlant pur et les présenter chacun une ou plusieurs fois sur des modes variés et par des voix différentes ? etc...

Si l'on ne veut pas se fourvoyer à chaque instant, il faut chercher à *établir des tests avec l'aide du public.* Cette méthode empirique fera gagner des mois. Il suffirait de grouper quelques poètes, quelques psychologues et (pour l'anecdote) quelques romanciers populaires, de leur donner pour laboratoire pendant une demi-heure par semaine — hors des heures d'émissions normales — l'auditorium d'un grand poste avec un personnel réduit de speakers et de musiciens choisis, et de les laisser travailler avec les auditeurs de bonne volonté qui seront sûrement très nombreux. D'une semaine à l'autre les lettres reçues (classées par dossiers de collaborateur selon la culture, l'âge, le sexe, etc... de chacun) seront examinées en vue de retouches successives.

L'art radiophonique a ainsi quelques chances de s'édifier rapidement et, en même temps, la technique du film parlant, car les problèmes sont les mêmes.

*   *

*

« *La parole est un bruit où le chant est enfermé* » (*Grétry*). *Spencer signalait que dans les réunions religieuses la prière spontanée se transforme souvent en une sorte de récitatif musical. La musique immanente aux discours prend souvent une puissance de suggestion singulière.* »

H. DELACROIX.

8° *La musique de scène.*

Pour empêcher les dissociations de l'énergie psychique susceptible de troubler l'évolution du processus inconscient, pour détacher l'attention du sujet du monde extérieur, les hypnotiseurs emploient diverses méthodes : passes, bruit monotone, fixation d'objets brillants, etc... La musique au cinéma, dont la nécessité a été empiriquement établie, n'a pas d'autre but que d'absorber les possibilités d'attention consciente des spectateurs pour faciliter le jeu des diverses associations, identifications et transferts qui constituent « l'amusement ». Dans le même ordre d'idées, j'ai fait soutenir le récit par une musique aussi effacée et engourdissante que possible et qui ne sortait de la neutralité que pour « illustrer » certains passages ou *exprimer les bruits de scène.* Le plongeon du planteur, par exemple, était figuré par des arpèges de la harpe. Je persiste à croire que l'illusion était plus forte que si j'avais fait barboter un « bruiteur » dans un tub,

Peut-être les « disques de bruits et d'atmosphères » pourraient-ils être employés. J'y répugne, pour ma part. Le vérisme en radiophonie est aussi absurde qu'au cinéma : que penserait-on d'un cinéaste qui ne voudrait tourner que dans des décors naturels ? L'enregistrement d'une charge de cavalerie sera toujours moins suggestif que la chevauchée des Walkyries, et n'est-il pas tout indiqué de faire le « montage » de la partie musicale d'un radio-film avec des disques choisis par le metteur en scène lui-même ? Repérés, ils seront joués sans interruption par un phonographe à double plateau. Une « ouverture » préparatoire, (quelques minutes de musique, ou quelques fragments de poèmes lyriques), créera l'atmo-sphère dans laquelle éclateront les premiers mots du récit.

Si je me suis efforcé dans les paragraphes précé-dents de préciser ma théorie d'adaptation, je n'ai fait qu'esquisser les grandes lignes d'une technique. Des artifices secondaires viendront d'eux-mêmes, et selon les cas, à l'esprit de ceux qui s'y rallieront et constitueront leur style : dosage et rapports des parties musicales, parlées ou chantées, usage des voix caractéristiques et de leurs contrastes, réglages des vitesses d'élocution, découpage et assemblage des œuvres adaptées, (un radio-film peut n'avoir ni queue ni tête et dérouler simplement des fragments d'œuvres différentes, choisies et rapprochées par l'adaptateur pour telles raisons qui lui sembleront bonnes), etc...

J'ai suggéré ailleurs une application de ces principes au reportage radiotéléphoné qui n'a fait aucun pro-grès depuis son invention par Golo et Yniold, la voici :

*
* *

La *vie* de l'événement (un match de boxe, par exemple) sera, dans les conditions ordinaires, transmise à l'auditorium par un observateur compétent. Dans l'auditorium, des acteurs radiophoniques recueilleront ces informations (au casque par exemple) et les transporteront dans l'action d'un match de boxe artificiel, *mis en scène* devant le microphone, et comportant des *plans auditifs* différents. Dès lors, la voix principale ne sera jamais couverte par celle de la foule; on pourra, avec quelques minutes de décalage, *monter* l'effet radiophonique d'un incident de ring, remplir les silences avec les voix de soigneurs ou de spectateurs factices — peut-être même faire parler les boxeurs et donner à l'auditeur l'illusion qu'il est l'un d'eux, etc... — en tous cas tâcher de rivaliser avec le cinéma qui, pour ces reportages-là, dispose du ralenti, du gros plan, de la surimpression, de l'angle de vue, du découpage, et ne se borne pas à enregistrer les mouvements simultanés des boxeurs et de la salle.

Des artifices analogues pourraient parer la radiodiffusion de bien d'autres manifestations : courses d'automobiles (monologue d'un conducteur ou dialogue des pièces de la voiture, comme dans *Le Navire qui s'y retrouve* », de Kipling); course de chevaux (il serait amusant un jour de faire parler les chevaux avec l'accent de leur province ou de leur pays natal); séances politiques (la reconstitution historique-express), etc... Cette façon de procéder est peut-être purement théorique. Elle implique en effet chez les acteurs casqués un sang-froid, une cohésion et un à-propos où la perfection est chimérique. Mais, (surtout si l'on considère que l'heure d'un événement important est rarement celle où un maximum d'amateurs se tient à l'écoute) on peut envisager l'enregistrement des bruits de cet événement sur un disque ou sur une pellicule où l'on découpera des fragments choisis qui, *montés* comme un film, avec d'autres fragments enregistrés au studio (antérieurement ou non) formeront en quelques heures la bande que l'on déroulera le soir devant le microphone (26).

*
* *

> « *Les boulevards, ce ramas infect de trétaux*
> *élevés à notre honte.* »
>
> BEAUMARCHAIS.

Voilà pour le *radio-film*, forme radiophonique d'œuvres littéraires quelconques (roman, poème, conte, essai, scénario cinématographique, mémoires, journal, histoire, reportage, etc...) Je voudrais terminer cette étude par quelques réflexions sur le *radio-théâtre, perfectionnement du théâtrophone, adaptation conventionnelle radiophonique d'œuvres théâtrales quelconques*, (sketch, drame, charade, comédie, etc...). Les pièces « genre *Grand Guignol* » lui constituent déjà un excellent fond de boutique (de deuxième classe); le rire ou la terreur ne perdront rien, *au contraire*, à l'absence des grimaces et des maquillages des acteurs; l'imagination des auditeurs y suppléera largement.

Mais, il est un autre répertoire (de premier ordre cette fois) qu'on pourrait appeler « répertoire de l'art théâtrophonique », c'est celui des pièces *injouables*. Soit que, comme certains chefs-d'œuvre du théâtre antique, classique ou romantique, elles soient devenues ennuyeuses à la scène (*Agamemnon, la Thébaïde*,

Angelo); soit qu'elles n'aient jamais été véritablement destinées au théâtre *(la Dame à la Faux, Stello)*; soit qu'elles n'aient qu'à gagner à la « dématérialisation » des acteurs (théâtre de Maeterlinck, de Claudel, *Chantecler*).

Délivré des contingences des tréteaux, le radio-théâtre peut faire revivre pour nous dans toute sa véhémence, la clameur des héros dépouillés de leurs oripeaux comiques. Pour sentir « la majestueuse tristesse de la tragédie », dont parle Racine, les colonnes en carton du Palais de Mycène, les toges et les péplums caricaturés par Daumier, ne nous sont pas indispensables. L'action saura nous suggérer (avec quelle vigueur !) d'autres décors, d'autres prestances, et d'autres parures, dignes enfin des personnages romanesques que l'invisibilité grandira. *Car ce ne sont pas des personnages semblables à nous qui évoluent sur la scène.* La décadence du théâtre commence avec l'oubli de ce principe essentiel. Les anciens, les Orientaux surélevaient les acteurs avec des cothurnes et couvraient sous un masque conventionnel l'humanité de leur visage. Ils apparaissaient ainsi comme des êtres exceptionnels, incarnant sans doute en eux toutes les passions des hommes mais en les sublimant. Le théâtre de voix réalisera mieux encore ces conditions oubliées de l'art dramatique. Alors que les œuvres modernes, enfoncées dans « la copie du réel » ne nous offrent plus que l'écho dérisoire de nos propres cris, le radio-théâtre replacera les chefs-d'œuvre de la scène dans le cadre d'éternité qui leur est nécessaire; il leur restituera une vitalité que ni la Comédie-Française, ni la plus adroite mise en scène n'est capable de leur rendre. Ce n'est pas en effet un nouvel « escalier » qu'il nous faut, ni un nouveau procédé d'éclairage; que ces moyens restent au music-hall ou au cinéma! Le théâtre ne peut que gagner à rompre définitivement avec ces concurrents compromettants, à se débarrasser de ces incessantes innovations de mise en scène et de décor, à se libérer de l'électricien, du costumier, du carton peint, du fard et de la rampe. Il doit être un *jeu de voix dans l'espace*, comme le cinéma est un jeu d'images. Les yeux clos nous entendrons sans surprise dialoguer les héros et les dieux, Antigone avec Ismène et Macbeth avec elle-même, comme dans un songe prodigieux. Mais il ne faut pas les faire parler avec la voix de

M. Perrichon : si la diction du radio-film doit se tenir au-dessous de la nature, au-dessous de la diction du Conservatoire, la diction du radio-théâtre doit être *formidable, héroïque, au delà* des emphases traditionnelles.

***

> « *Repose paisiblement et qu'un sommeil bienfaisant t'apprenne ce que les veilles n'ont pu te faire connaître.*
> JEANNE SUZANNE, *le Souterrain*, drame en 1 acte, dans « Deux mois de vacances ».
> Bibliothèque Rose illustrée.

Si je me suis fait épauler par l'enseignement de Freud, c'est moins par timidité que par fanatisme. Les *Essais de Psychanalyse* (discrètement édités en France en 1927 et non épuisés actuellement) contiennent la première promesse faite aux hommes, d'une civilisation transformée, d'une morale, d'une politique, d'une médecine nouvelle, d'une guérison de l'angoisse religieuse, patriotique, familiale, sexuelle, d'une guérison de la peur de la mort et d'une guérison du rire (27), d'un anéantissement des littératures qui bubonnent sur ces maux, la promesse d'un bonheur inconnu jusqu'à présent, *puisqu'il ne sera pas vil.*

Notre génération, privilégiée entre toutes puisqu'elle a reçu de Freud des révélations sur l'inconscient (pressenties de tous temps mais jamais dégagées clairement), a le devoir de s'atteler à l'utilisation de ce présent. Qu'a-t-elle fait ? La poésie surréaliste — qui, au prix du sacrifice schizophrénique de ses inventeurs, marque et marquera notre époque, — c'est bien, mais c'est peu. Quels changements a-t-on apportés à la pédagogie ? Quelles règles pratiques a-t-on vulgarisées pour affranchir nos enfants des refoulements et des complexes qui, depuis 5.000 ans, nous torturent et nous assassinent ? (28)

Dans l'universelle purulence, la voie de l'imprimerie est bouchée (29); par un juste retour, la sottise et la méchanceté épanouies, les préjugés et la cupidité, en dédaignant la T.S. F., ont laissé sa voix libre. L'art radiophonique, tel que je le propose (30), peut, qui sait ! devenir le cadre d'un mode d'enseignement, d'une maïeutique nouvelle (31) qui accoucherait le subconscient ? il peut s'en dégager un solfège pour une prochaine harmonie humaine.

Appendice

« *Les Sans-Fils? Bien. La Syphilis? Si vous voulez.* »
ANDRÉ BRETON, Manif. du Surréalisme.

Les philosophes, les artistes
Les crèmiers, les gens très bien
Sont tombés dans le précipice
Pas besoin d'enterrement.

Plus de théories de peinture
Le monde en reste désolé
Heureusement que pour se distraire
On a la radiophonie.

ARAGON, la Grande Gaieté.

« A jouer au fantôme, on le devient. »

« A force de jouer au c..., on finit toujours par gagner. »

Le rêve, la rêverie et, plus généralement l'étonnante activité de l'esprit pendant le sommeil ou aux lisières du sommeil ont attiré de tous temps l'attention des écrivains, des artistes, des psychologues et des écoliers. Les célèbres études de Chabaneix et d'Otto Rank contiennent d'innombrables témoignages en faveur de ces phases magiques où bien des esprits ont puisé le plus haut ou le moins plat de leur production : W. Blake, Roll et Rafaëlli; Knut Hamsun et Rachilde (1); Jean-Paul et Camille Mauclair; Ed. Poë, Gérard de Nerval et Sully Prudhomme; Schumann, Saint-Saens et Vincent d'Indy, etc., etc...

Plus récemment, les surréalistes ont réinventé les propos d'Apollinaire (voir dans le numéro 26 de l'Esprit Nouveau sa

---

(1) Pour voir un nouveau livre en rêve, il suffisait à cette dame de regarder un bouchon de cristal bleu à facettes ou de toucher un fragment de soie verte avant de s'endormir.

(CHABANEIX.)

lettre de mars 1917 adressée à Paul Dermée à propos du manifeste de Nord-Sud et sa lettre à P. A. Birot dans le numéro 1 de Surréalisme) et, enhardis par les travaux de Freud, ils ont sublimé et dogmatisé la croyance à l'originalité et au désintéressement des créations issues de ces « états seconds » (2).

Cette doctrine est aussi difficile à admettre dans son principe — puisque le subconscient est réputé ne contenir que des souvenirs (3) — que dans son exercice : en effet, dès que, à l'approche du sommeil, les écluses qui tiennent le subconscient hors de la conscience, commencent à s'ouvrir, les diverses forces mentales subissent des modifications de puissance et de direction, les souvenirs restent vrais ou deviennent faux, se déforment, se combinent à

---

(2) Les surréalistes ont d'ailleurs imaginé astucieusement de « se réclamer » de quelques-uns des hommes qui ont dit tout ça avant eux. Ils citent avec déférence Nerval, Apollinaire, Carlyle, K. Hamsun, etc... et ils se considèrent comme quittes de leur dette envers Poe avec l'honnête, le bon billet suivant : « **Poe est surréaliste dans l'aventure** » (**Manifeste du Surréalisme**). L'ombre de Poe (« **ma vieille Poe** », comme dit misérablement Aragon. (**La Grande Gaieté**) n'a qu'à remercier. Relisez donc cette *Marginalia* (pour ne citer qu'elle), vous apprécierez la forte originalité du Manifeste du Surréalisme :

« Il existe, toutefois, une certaine classe de fantaisies d'une exquise délicatesse qui ne sont point des pensées et auxquelles je n'ai pu jusqu'à présent adapter le langage. J'emploie le mot « fantaisies » au hasard, pour la seule raison qu'il me faut employer une désignation quelconque ; mais l'idée que l'on attache communément à ce terme ne s'applique pas, même de loin, aux ombres d'ombres dont je parle. Elles me semblent plutôt psychiques qu'intellectuelles. Elles ne surgissent dans l'âme (si rarement, hélas!) qu'aux heures de la plus intense tranquillité, — quand le corps et l'esprit sont en parfaite santé — et seulement en ces courts instants où les confins du monde éveillé se confondent avec ceux du monde des rêves. Je n'ai la notion de ces « fantaisies » qu'aux premières approches du sommeil, et quand j'ai conscience de cet état. Je me suis rendu compte que cette condition ne se réalise que pour une inappréciable minute, et que, néanmoins, ces « ombres d'ombres » m'assiègent en foule, encore que je sache bien qu'une pensée, pour être absolu-

la lumière d'une vérité psychique nouvelle et d'un jugement qui n'est pas celui de la vie éveillée. Cette étrange activité nocturne paraît souvent surpasser celle du jour, mais si, au réveil, on veut en enregistrer le produit, quelle déception souvent ! et, toujours, quel tri ! (conscient ou non).

A la vérité le surréalisme — plus behaviouriste que freudien — s'intéresse moins aux fuyantes images du rêve qu'à l'automatisme verbal des périodes hypnagogiques (4); or, la qualité et l'authenticité de la dictée recueillie sont beaucoup plus suspectes que celles du souvenir des images oniriques. En effet, les mots, dans les rêves, prennent, ou non, un ou plusieurs sens nouveaux, se chevauchent, s'altèrent plus ou moins. Mais si l'on peut

ment telle, exige quelque durée dans le temps. De plus, ces « fantaisies » s'accompagnent d'une extase délicieuse qui dépasse en volupté tous les ravissements du monde réel ou du monde des songes, qui en est aussi éloignée que le ciel l'était de l'enfer dans la mythologie scandinave. Je contemple ces visions dès qu'elles surgissent, avec une crainte mêlée de respect qui, à certains égards, modère ou tranquillise mon émotion ; et si je les considère ainsi, c'est que je suis convaincu (conviction qui semble faire partie de l'extase même que ce trouble de mon âme revêt en soi un caractère supérieur à la nature humaine, qu'il est comme un coup d'œil jeté sur le monde des esprits ; et tout en arrivant à cette conclusion, — si pareil terme peut s'appliquer à une intuition instantanée, — je dois reconnaître aussi que les délices éprouvées se distinguent par l'originalité la plus absolue. Je dis la plus absolue, car en ces fantaisies — qu'on me permette de les appeler à présent impressions psychiques — il n'est réellement rien qui approche du caractère des impressions habituelles. C'est comme si les cinq sens étaient remplacés par cinq myriades d'autres, étrangers à notre nature mortelle. »

(3)« Le rêve provient du passé ». Il est vrai qu'en combinant agréablement Freud et de Rochas, on peut postuler l'immanence d'un monde inconnu en communication avec le subconscient...

(4) Au contraire, Scherner, fanatique de la croyance à une activité particulière de l'esprit pendant le sommeil, ne s'intéressait qu'aux expressions plastiques du rêve et dédaignait son langage. (*Das Leben des Traumes.*)

admettre qu'à un instant donné (pour ainsi dire) d'un rêve, un certain vocabulaire se stabilise momentanément, on ne peut pas étendre cette convention à la période chaotique du passage de la veille au sommeil. D'autre part, les forces mystérieuses qui animent, mêlent et tordent les mots pendant le rêve, sont comparables à celles qui les meuvent pendant la vie éveillée. Autrement dit, il existe un dynamisme des mots dans la vie éveillée; il existe un dynamisme des mots dans les rêves. Mais, pendant le demi-sommeil, les mots, abandonnés par l'énergie du rêve n'ont pas encore été repris par celle de la veille — ou vice-versa — les mots, les syllabes même, sont lâchés : ils déferlent, bourdonnent et perdent la cadence du débit habituel de la pensée. L'attention qui croit les suivre sans se trahir « entre ses cils », la main qui croit les noter avant qu'ils ne passent au crible et aux filières insensibles de la mémoire, sont dupes. (Que deviennent d'ailleurs dans les écrits surréalistes la terminologie spéciale, l'orthographe, la syntaxe et les néologismes des rêves ?)

Ces critiques de la technique surréaliste montrent qu'elle fait du demi-sommeil un emploi erroné et ont pour objet de justifier ma demande en concession de cette phase psychique pour y installer mon nirvana pour tous, instructif, amusant... et hygiénique : ce qui n'est pas le cas du « vice nouveau » offert au public en 1924, car mon jeu est en tout cas dépourvu de ce caractère onanique d'une « délectation morose », avilie par les arrière-pensées de la production littéraire.

A base d'Einfühlung (médicament naturel recommandé aux solitaires), le radio-film s'absorbe, mélangé « au goût », selon le sexe et l'âge, avec les aliments du régime mental ordinaire. Administré par voie auditive, il laisse un sentiment de bien-être sans aucune trace de migraine, car, répétons-le, la cause du déclanchement du rêve est externe, son développement est guidé du dehors, la vie extérieure prédomine constamment (5).

Aux approches du sommeil, les forces de résistance se relâchent, le jeu du principe du plaisir est plus libre, et le radio-film qui, dans le préconscient dégagé, *appâte l'inconscient avec des excitations verbales spécialement fabriquées pour servir de noyau aux associations, provoque l'épanchement partiel des idées refoulées, réalisant ainsi une excellente prophylaxie psychique et donnant mécaniquement le goût de la lecture, de la musique et généralement des plaisirs de l'imagination aux esprits emprisonnés dans une dangereuse activité matérielle. Le processus mental invoqué est moins celui du rêve que celui de la* maturation nocturne des idées *(notion populaire et indiscutée qui s'applique à des sujets proposés). Le radio-film est donc d'une haute portée culturelle. Il est social.*

---

(5) L'antagonisme du radio-film intérieur et de la rêverie autiste des schizophrènes (dont la rêverie surréaliste est un degré, rendu plus périlleux par le caractère sacré que ses adeptes lui donnent) est ainsi triplement affirmé : « **la conscience latente de la réalité étant le critérium de la rêverie normale**». (Minkowski.) *« La rêverie s'arrête sur le seuil de la schizoïdie. Elle a en commun avec elle l'autisme, les tendances imaginatives, et la création de mondes imaginaires. Mais le schizoïde perd contact avec le milieu. Le rêveur normal ignore la fabulation objective, la création de faits extérieurs justificatifs* et **l'effort pour imposer le rêve à un groupe social,** *et aussi la grande faiblesse critique qui laisse la voie libre à toutes les outrances affectives. »* (H. Delacroix.)

Le jeu surréaliste ne l'est pas. Morose, il ressemble au jeu de la pendaison, en faveur sur la grande place de certains villages nègres mais dont une autre acception laisse de temps en temps, un veilleur de nuit pendu dans les W.·C. d'une administration européenne. D'ailleurs aucun « texte surréaliste », proprement dit, ne dépasse la « Science de Dieu » de J. P. Brisset, prince des philosophes, (pour ne citer que ce « classique »). Je n'en dirai pas plus : inventer le mot « dada » et ses emplois, répéter dix fois la même phrase stéréotypée (même — ou surtout — en invoquant des fins nihilistes) la prononcer avec défi ou l'écrire dogmatiquement une fois de plus ou de moins peut-être, qu'on n'y était d'abord résolu, n'est-ce pas céder avec une fausse lucidité à une tentation psychique déjà pathologique ? (6) Créer un cérémonial emphatique et dresser de minutieux protocoles pour chaque manifestation collective d'un doctrinarisme rigide, justifier sophistiquement l'échec schizoïdique d'un essai de collaboration (type de « l'acte à court-circuit ») avec un parti moins sévère qu'on ne le dit sur le choix de ses affiliés, attendre des Mogois l'offre du fauteuil de Robespierre ou, comme Ubu, le trône de Pologne pour tuer tout le monde : est-ce très bon signe ?

Pendant que j'y suis, je dirai encore un mot de cette étonnante malhonnêteté intellectuelle qui éclate à tout instant dans les écrits des surréalistes les plus lucides. Comment expliquer, autrement

---

(6) « Il y a dans le surréalisme des formes inférieures de Glossolalie. »

(H. Delacroix).

que par un diagnostic de schizophrénie latente, qu'elle échappe à leur auto-critique, généralement vigilante et subtile ? L'un d'eux ne vomit-il pas Edgar Poe en tant qu' « apologiste du policier » ! Ne crache-t-il pas sur Baudelaire à cause d'une note navrante, restée au Journal de ce Dieu, qui l'a intitulée gentiment « règle éternelle » de sa vie. C'est juger en vérité comme un tribunal militaire : « l'a-t-il écrit, Nom de Dieu, ou l'a-t-il pas écrit ? Il l'a écrit ! alors, à la trappe, et pas d'explications, Baudelaire ! » Vous cherrez, Monsieuye !...

Le même « homme de fer », qu'il n'y a aucune raison de soupçonner de mauvaise foi quand il se réclame de cette « vertu » que louait Robespierre, et dénonce la bassesse intellectuelle ou sociale de tout venant, écrit plus loin : « M. Chose m'a envoyé une lettre idiote, je la tiens à la disposition des amateurs. Je n'en reparlerai que s'il m'y oblige. » Oh ! Oh ! Est-ce que cette menace, comme celles que font les maîtres-chanteurs, ne s'appuie pas sur la notion fort bourgeoise de la flétrissure publique », du « les honnêtes gens apprécieront » et autres répugnantes calembredaines ? Ailleurs, nous sommes informés que le père d'un jeune doctrinaire-communiste « est fort riche » (voilà déjà, n'est-ce pas, un argument d'intellectuel à faire roter de joie Clément Vautel) et, pour achever de « mettre les rieurs de son côté », M. Breton précise que, comble d'ironie ! ce communiste riche habite « l'ancien hôtel des ducs de la Rochefoucauld... » Que les amis du vieux Paris et les indicateurs de police se le disent ! Ailleurs encore, il se moque d'un « exclus » qui a un peu perdu la tête en recevant un soufflet d'un surréaliste plus fort que lui. Tout ça n'est pas très élevé !

Voilà pourquoi je verrais avec plaisir s'installer l'électricité sans fil dans le domaine du subconscient à la place des torches fumeuses du Surréalisme, carencé.

Notes

Note 1

En novembre 1928, l'un des plus influents chroniqueurs de l'un de nos plus grands quotidiens me disait : « *Je suis payé à tant la ligne et le reste je m'en fous. La T. S. F. ne m'intéresse que si j'y trouve un profit ; elle me sollicite à chaque instant, mais ne m'offre que des lauriers, je m'en fous.* » On ne saurait mieux dire...

Note 2

Voici trois extraits de *Hebdo,* le plus beau magazine de T. S. F. :

DIMANCHE : P. T. T., 20 h. 45. — *Soirée dramatique avec le concours de la remarquable troupe Louis Cognet. Cette troupe, avec autant de modestie que de talent, fait depuis longtemps les délices des sansfilistes. Chaque semaine, ces excellents artistes donnent l'interprétation* intégrale *d'une œuvre dramatique contemporaine. Ils ne s'embarrassent pas de formules plus ou moins compliquées : point n'est besoin pour eux d'adaptation spéciale : ils jouent devant le micro comme ils joueraient sur la scène d'un théâtre, et leur succès est immense. Louons donc sans réserves le poste des P. T. T. de s'être attaché la troupe Louis Cognet.* »

« On ne se lasse pas de chercher la formule du théâtre radiophonique. A chaque instant, on nous signale un auteur qui l'a trouvée.

« Nous ne l'avons pas eue avec le décor de bruits de « Mare moto ». Elle *ne s'est pas affirmée dans l'intervention suggestive du* Pont du Hibou. *Elle ne sera pas dans l'harmonie sensitive que nous réserve, paraît-il, un prochain essai.*

« Est-il donc nécessaire de chercher cette formule? a déclaré M. Alexandre Beaudouin (?) dans un cercle de sans-filistes. Non ! Puisqu'elle est depuis longtemps.

« Une grande partie du théâtre et surtout du théâtre classique est radiophonique.

« Toutes les pièces où l'action est nette sont bonnes pour le micro. »

« Sur la question du théâtre radiophonique que l'essai de M. Deharme a remise d'actualité, le professeur Thomi (?) s'exprime ainsi :

« Il n'y a pas, il ne peut pas y avoir de théâtre radiophonique formulé, pas plus qu'un théâtre cinématographique systématique.

« Il y a des scènes où l'action s'indique suffisamment à la seule vue. Il y en a d'autres où elle s'exprime complètement par le son, paroles et bruits. Mais le plus souvent la vue et l'ouïe sont associées pour l'entendement. C'est pour cela que le film a besoin de textes explicatifs qui, d'ailleurs, n'éclairent pas toujours complètement le spectateur, comme la radio a besoin de commentaires car le dialogue est rarement représentatif et ne pourrait l'être complètement sans nuire à son jeu naturel.

« Il y a pourtant un auteur qui semble avoir écrit ses pièces pour la T. S. F. : c'est Alfred de Musset. Presque tout se passe dans son théâtre en chatoiement de répliques. On ne peut pourtant pas dire que Musset a cherché et presque trouvé la formule du théâtre radiophonique. » (sic).

Note 3

« *A ce propos, qu'on nous permette quelques mots encore sur cette irritante question du théâtre radiophonique. Et d'abord, y a-t-il, y aura-t-il ou doit-il y avoir un théâtre radiophonique ?*

« *Sans méconnaître ce qu'il y a d'infiniment louable et respectable dans leur effort, les divers auteurs qui, jusqu'ici, se sont appliqués à écrire des saynètes ou des essais exclusivement réservés au microphone, nous paraissent faire fausse route.*

« *Pourquoi, en effet, chercher à créer un genre nouveau et spécial dont le besoin ne se fait nullement sentir ?* »

« *Faut-il, maintenant, souhaiter la création, la recherche d'un théâtre purement, exclusivement radiophonique ? Nous ne le pensons pas. Il nous a toujours semblé que les présentations dramatiques, travaillant pour le micro, pouvaient et devaient se contenter du vaste répertoire français et étranger, en procédant, bien entendu, mais avec tout le respect et tous les scrupules désirables, aux légers remaniements de textes, aux indications scéniques essentielles et au « bruitage » modéré que comporte toute représentation théâtrale en auditorium. Aussi bien les essais de « théâtre radiophonique » ou même simplement de « récits radiophoniques », donnés au cours de cette année par des auteurs pleins d'excellentes intentions, n'ont-ils pas répondu à l'attente générale.*

Dans son ensemble, le public sans-filiste a été plutôt rebelle aux nou-velles formules essayées. »

HEBDO.

LE BON THÉÂTRE

« *Le théâtre radiophonique a subi deux échecs, ces temps derniers, l'un à la Tour, l'autre à Radio-Paris. Non que les essais ne fussent pas intéressants, mais ce n'étaient que des essais.*

« *Le radiothéâtre doit être scénique, c'est-à-dire vivre d'action et, comme les scènes ne sauraient être indiquées, comme au théâtre visuel, par l'entrée et la sortie des personnages, il faut trouver un moyen de les présenter. Ce n'est pas difficile. Il suffit de prendre un scénario de film excellent et de traduire les images en paroles ou en sons. Il suffit de créer un meneur de jeu qui jouera le rôle du chœur antique dans les tragédies grecques. Il faut qu'un héros dirige le drame, comme dans Ame d'Aveugle, d'Hervé de Peslouan.*

« *Ce sont là des observations que devraient méditer tous ceux qui s'intéressent à l'art dramatique, qui trouve tant de possibilités pour la radio.* »

La Parole Libre T. S. F.

Note 4

> *« Mais le jour va venir où le disque remplacera la page. »*
>
> (Jousse-1925).

Le procès d'une certaine discophilie satisfaite est également à faire. Faites écouter l'enregistrement d'une des chansons idiotes de Chevalier à quelqu'un qui, ne l'ayant jamais vu, ne puisse pas l'imaginer, vous verrez sa consternation. C'est un petit malheur, certes ! mais il n'est peut-être pas inutile de le signaler au moment où la T. S. F., ayant essayé de faire quelques pas toute seule, paraît vouloir s'accrocher pour longtemps aux jupons et à la remorque d'une discomanie de tout repos.

Note 5

A condition de renoncer à la politique généralement adoptée et qui consiste à *toujours* donner au public ce qu'il aime. Il faut avoir le courage de lui imposer de temps en temps ce que l'on croit bon. Avec un peu d'ingéniosité, on réussira d'ailleurs à mettre en vogue « les émissions pour l'élite », les plus ennuyeuses.

Ce mimétisme absurde qui fait que les hommes d'aujourd'hui se croient obligés d'entourer l'allumage de leur cigarette du cérémonial ridicule imposé par un des plus piètres pitres du cinéma, de fermer les portières d'automobiles comme Valentino et de courir à la poste comme Fairbanks court à la rixe, il peut avoir son équivalent radiophonique dans *le domaine du jugement*. C'est ainsi que certains speakers américains font figure, pour bien des auditeurs, de conseillers et d'arbitres, sinon de directeurs de conscience. Leur rubrique « Le Souci moral du jour » où un pasteur traite d'un problème de conscience choisi parmi ceux qui lui ont été soumis, connaît un succès qu'aucun journaliste n'a jamais atteint.

Note 6

C'est pour cette raison que bien des films modernes ont au moins une réplique « d'avant-guerre » : *Une Dame au Camélia* ridicule a précédé celle de Nazimova et celle de Norma Talmadge ; il y a deux *Thérèse Raquin;* on parle d'un *Dorian Gray* par Marcel L'Herbier, un autre est oublié depuis dix ans ; *la Glu* a été tournée par Mistinguett avant Rouher ; *Notre-Dame-de-Paris* (en couleurs) avec Napierkowska et la vraie cathédrale a été suivie d'une autre avec Pola Negri, Lon Chaney et une cathédrale en fibro-ciment ; une nouvelle version de *Monte-Christo* est sous presse, etc...

Note 7

La valeur non objective d'une œuvre d'art est démontrée historiquement : Messonier vendait 400.000 francs des toiles aujourd'hui sans valeur, et une ouvrière est venue se tuer sur le palier d'Eugène Sue, candidat dandy...

Si l'on fait abstraction des plaisirs de l'intelligence (aussi « importants » mais aussi éloignés de l'amour des choses que le plaisir physique est éloigné de « l'amour ») le goût d'un individu, d'un groupe ou d'une génération pour une œuvre d'art ne relève que de l'inconscient et n'est autre chose qu'une sympathie obscure avec l'inconscient de l'auteur. (Cette hypothèse est confirmée pratiquement par l'abîme qui sépare les desseins d'un artiste des raisons d'aversion ou d'admiration exprimées par le public. Comment, d'ailleurs, un peintre thibétain ou un sculpteur congolais aurait-il mis dans son œuvre précisément tout ce qui nous y plaît ?) La *passivité* si l'on peut dire, de l'œuvre d'art et *l'activité* du spectateur sont évidentes et le *succès* est un phénomène cosmique.

Note 8

« L'image auditive d'un mot n'est pas un objet aux contours définitivement arrêtés, car le même mot, prononcé par des voix différentes ou par la même voix à différentes hauteurs, donne des sons différents. Il y aura donc autant de souvenirs auditifs d'un mot qu'il y a de hauteurs de son et de timbres de voix. Toutes ces images s'entasseront-elles dans le cerveau, ou si le cerveau choisit, quelle est celle qu'il préférera ? Admettons pourtant qu'il ait ses raisons pour en choisir une : comment ce même mot, prononcé par une nouvelle personne, ira-t-il rejoindre un souvenir dont il diffère ? Notons, en effet, que ce souvenir est, par hypothèse, chose inerte et passive, incapable, par conséquent, de saisir sous des différences extérieures une similitude interne. On nous parle de l'image auditive du mot comme si c'était une entité ou un genre : ce genre existe, sans aucun doute, pour une mémoire active qui schématise la ressemblance des sons complexes ; mais pour un cerveau qui n'enregistre et ne peut enregistrer que la matérialité des sons perçus, il y aura du même mot mille et mille images distinctes. Prononcé par une nouvelle voix, il constituera une image nouvelle qui s'ajoutera purement et simplement aux autres. »

BERGSON, Mat. et Mem.
(De la Reconnaissance des images).

On peut en dire autant de l'image visuelle d'un mot, cette image que nous pourchassons les yeux fermés quand un mot échappe à notre mémoire, cette image dont un reflet apparaît d'abord en contours indécis, montrant seulement que le mot est long ou court clair ou sourd, où se détachent ensuite les lettres initiales ou finales, cette image qui se place schématiquement en haut ou en bas, à droite ou à gauche de l'ombre d'un livre. Manuscrit ou imprimé composé en tel ou tel caractère, un mot n'a pas la même valeur. L'habitude crée des goûts et des préférences ? Donnez à un enfant qui aime Jules Verne (s'il en existe) un livre de cet auteur, qui soit nouveau pour lui, et qui ne soit pas composé comme ceux d'Hetzel, sur deux colonnes... Imaginez des fanatiques de Proust mis en présence d'un inédit de cet écrivain, retrouvé par un des leurs qui l'aurait recopié de sa main, ou tapé à la machine, ou édité en feuilleton. L'enfant et les proustiens devront lire bien des pages avant de retrouver leur plaisir sous ces visages nouveaux.

Il en est de même pour le mot radiophonique. Tant qu'on s'entêtera à ne pas le considérer comme un aspect nouveau du langage, le malentendu subsistera entre le speaker et l'auditeur, entre le cinégraphe et le spectateur.

Pour l'exécution du *Pont du Hibou*, j'ai partiellement escamoté et résolu le problème en priant le speaker *de renoncer à toute inflexion vocale, de manière à faire oublier sa présence, à neutraliser la valeur sonore des mots, à mettre l'auditeur dans la situation du lecteur « in petto »*.

Note 9

La *croyance* actuelle dont les images suscitées par une information verbale peuvent faire l'objet (même dans la fiction) n'est possible que chez l'individu mis en cause dans cette information. Par « mis en cause », j'entends intéressé. Supposons, par exemple, que, ne connaissant personne qui porte le nom de Durand, vous entendiez quelqu'un dire à côté de vous dans la rue : « M. Durand est un voleur » : image non croyable. Si vous connaissez un Durand : image croyable. Si vous voyez ce Durand sur une scène ou sur un écran : image croyable. S'il vous a été décrit dans un roman et que *vous ayez eu le temps* de le créer dans votre imagination : image croyable. Si vous le connaissez depuis longtemps et que cette information vous arrive par T. S. F. : image croyable. Le mot « croyable » est pris dans le sens de « porteur du sentiment de la réalité », et non pas dans le sens de vraisemblable. Je ne puis m'étendre ici sur la question de la croyance aux images qui n'est d'ailleurs pas complètement éclaircie par les philosophes. Un des criteriums qu'ils proposent est celui-ci : « Une image est dite croyable quand elle provoque des mouvements corporels » (voir dans Bergson la théorie du « *schème moteur* de la parole entendue », que la fascination esthétique transforme, selon Delacroix, en attitude *de réponse* (et non plus de *contagion*) donc immédiate et capable de suivre un rythme soutenu). Et voici l'illustration donnée par Russel : « Supposez qu'un tigre se soit échappé d'une ménagerie et qu'il vous attaque », provoque une image sans croyance. « Un tigre s'est échappé d'une ménagerie, il vous attaque » : provoque une image avec croyance. Puisque le but de l'art radiophonique est de donner de la force aux images provoquées par les mots, nous ne pouvons pas négliger cette remarque. Mais, comment en tirer parti ? Une question matérielle de mécanisme psychique se pose : par T. S. F., est-ce en interpellant l'auditeur (comme je l'ai fait dans *le Pont du Hibou*) ou en spéculant sur le transfert qu'on l'impressionnera le plus ? Un exemple de publicité fera mieux comprendre ma pensée : sur certaines affiches, on lit par exemple : « Achetez telle marchandise chez tel négociant »; d'autres portent ; « une automobile s'achète chez X... »; une autre disait récemment: « J'achète tout aux Galeries Lafayette ». Quelle est la formule la plus efficace ? La dernière peut-être (à condition qu'elle soit illustrée et son effet sera limité aux passants à qui l'illustration plaira). Les contrôleurs d'autobus et les agents de police savent bien que leur : « Allons pressons » ou leur « serrons, serrons » ont un pouvoir insidieusement persuasif plus grand que celui de toute autre formule. J'avoue n'être pas encore capable de conclure et je m'en remets aux tests qu'on essaiera peut-être un jour d'établir. Il semble toutefois qu'on puisse, dans les conférences didactiques, adopter déjà la forme du dialogue entre deux entités : Radiolo et un comparse sur qui l'auditeur effectuerait son transfert.

Note 10

Si les dessins animés sonores rencontrent le succès immense qu'ils méritent (et dont ils étaient assurés, René Clair l'avait notamment annoncé) c'est que *tous les éléments* de fiction qu'ils contiennent sont sensiblement sur le même plan, tous *à la même distance de la réalité.*

Il y a d'ailleurs un « point critique » pour cette sorte de représentation : les mannequins de cire trop bien faits ne sont pas suggestifs. (Le musée Grévin ne conserve son prestige que parce qu'il est une galerie de *morts* et surtout de morts tragiques. C'est d'un tout autre aloi). Un automate de foire animé (comme certain inoubliable « gorille enlevant une femme ») d'un ou deux mouvements simples, — roulement d'yeux, crispation de mâchoire — fascine *tout le monde*; la claveciniste du Conservatoire des Arts et Métiers n'amuse personne. On peut presque dire que le plaisir est en raison directe de l'effort fourni par l'imagination pour « saisir » l'illusion. Je ne sais quel personnage de Mirbeau voyait dans les troncs d'arbres des silhouettes obscènes; il leur aurait préféré un graffite rudimentaire, une esquisse à peine indiquée, mais sûrement pas un de ces irréprochables dessins-photographies pour magazine américain. Le film parlant prétend juxtaposer la voix naturelle à une fiction actuellement « indurée » par l'usage dans nos imaginations et qui se tient à cent lieues de la nature. Il lui faudra attendre l'extinction de son public actuel.

Note 11

« *Je n'ai entendu à la T. S. F. que de la récitation banale, monotone. Quelle que soit la personnalité de l'artiste, il semble que le microphone le transforme en simple lecteur.* »

Interview de M. Gordon Craig.

Intransigeant du 30 septembre 1929.

Note 12

Extraits de quelques lettres d'auditeurs

L'art spécifiquement radiophonique est né : pour ses débuts, il fait des coups de maître.

R., Paris.

C'est de l'art et du plus réussi. J'espère que cet essai sera suivi de beaucoup d'autres.

M. A., rue des Petits-Hôtels.

En vérité cela sortait de la banalité de bien des concerts entendus jusqu'à ce jour.

R. J., Champigny.

C'est là une forme d'art. J'écris, d'art, à suivre.

G. D., Comédie Caumartin.

Mon impression est celle de beaucoup d'auditeurs qui ne vous le feront pas savoir : c'est idiot, archi-idiot, c'est bête, archi-bête.

Un gras groupe bien gros de sans-filistes pas bilieux. A. B. K. T. Z. L'A. E. O. U.

Mon impression est que si le théâtre radiophoné doit être dans le genre de ce que vous nous avez fait entendre hier, c'est un fiasco complet.

G. F.

Les programmes musicaux habituels me suffisent, je n'éprouve pas la nécessité d'écouter autre chose.

P. E., Le Havre.

Ne croyez-vous pas qu'une telle émission suivie d'une conférence de médecin aliéniste n'aurait pas complété d'une façon agréable cette charmante soirée.

S. d'E.

Votre quart d'heure a été trop intéressant et vous semblez avoir trouvé un filon trop nouveau...
Dr. G., Commentry.

Seul, vous avez compris ce que doit être la T. S. F. Je sens nettement que de la soirée d'hier, que nous avons eu l'honneur d'entendre, doit s'ouvrir la conception véritable de ce que l'on entend par T. S. F.
P. H., architecte, Paris.

Votre intelligente tentative me fait espérer qu'il y a vraiment là un vaste domaine où l'art pourra trouver des moyens d'expression nouveaux.
L. R., 3, avenue Laumière, Paris.

Aucune pièce, même la plus dramatique que j'ai entendue jusqu'à ce jour par radio, ne m'a causé semblable impression ; l'on est mis malgré soi dans la peau du personnage.
G.B., rue Edouard-Nocard, St-Maurice.

Je ne puis que vous encourager dans cette conception hardie.
R. R., rue Chauveau, Neuilly.

Nous sommes persuadés que cette voie nouvelle nous réserve d'agréables soirées.
P. M., à Rozières (Aisne).

Continuez et avec la collaboration des auditeurs, nous pourrons faire en France ce que d'autres envient.
G. Avreuil (Aube).

Je trouve simplement grotesque cette nouvelle formule.
J. M., place du Champ-de-Foire, Argenton-sur-Creuse (Indre).

Il est incroyable qu'une station comme celle de Radio-Paris donne des sujets qui sont œuvres de fous, de malades, de névrosés.
Pour un groupe d'auditeurs d'A.

Le quart d'heure d'hier et les fox-trots du dimanche sont à vous décourager de la T. S. F.
Votre fidèle auditrice, Vichy.

Nous préférons nettement l'audition des Misérables *ou de* Quatre-vingt-treize.
D., Le Mans.

J'espère que votre nouvel auteur ira désormais se faire pendre ailleurs.
A. B., 4, rue de Cérisoles, Paris.

Je crois donc qu'il n'est pas utile de persévérer dans cette voie.
A. H., 74, boulevard Delebecque, Douai.

Mon avis sur le Pont du Hibou Absurde. *N'est-il plus d'auteurs français, même moyens, pour que l'on soit réduit à traduire de telles choses.* G. F.

Que doivent penser les étrangers de notre vieille gaîté française ?
M. V., 38, rue de la Gare, Ermont.

Bravo ! Essai réellement concluant !
D. Z., Bar-le-Duc.

Non, vraiment, je crois que pour un début, c'est raté. G. V., Vincennes.

Soyez persuadés que vos émissions de ce genre ainsi que j'ai pu le constater parmi les jeunes gens des écoles dont les parents sont, ou qui sont eux mêmes sans-filistes, sont suivies avec un grand intérêt par tous.
J. S., professeur au Lycée de P.

Hélas! quelle déception ! Du reste pourquoi aller chercher en Amérique vos sujets de pièce ? Cela ne peut amener que des fautes de goût.
P. F., Bussang (Vosges).

Superbe analyse. Parfaite à différents points de vue : dramatique, musicale et littéraire.
Abbé B., curé de W. (P.-de-C.).

Très dangereux, même immoral.
M. B., Bourges.

Une famille réunie, hier soir, rue de Bellevue, à Bourges, remercie sincèrement l'incomparable narrateur qui leur a fait passer une délicieuse soirée. R. D.

La famille B., a l'honneur de vous faire savoir que la présentation radiophonique intitulée *Le Pont du Hibou,* lui a été agréable.
B., Parc Saint-Maur.

Nous souhaiterions que le poste Radio-Paris, d'une si bonne tenue dans ses programmes, plutôt familiaux, ne donne point dans ce genre. M. B., Bourges.

Cette interprétation radiophonique, si impressionnante et hallucinante, fut merveilleuse d'expression et de netteté.
Mme C., Cuise-la-Motte.

C'est franchement idiot, c'est à vous dégoûter de la T.S.F., non je vous assure : pas ça, c'est trop bête.
M. C., rue de Paris, Saint-Germain-en-Laye.

Votre expérience donne exactement l'impression d'un rêve. La corde autour du cou m'a laissé une impression désagréable.   P. B., avenue de Clichy.

Sentir la corde vous serrer le cou quand on est confortablement assis dans son fauteuil, voilà qui est impossible.
Dr. L. D., Roye (Picardie).

Une sorte de suggestion qui aura, je pense, agi sur beaucoup de personnes. R.M., rue Louis-Blanc, Pré-St-Gervais.

Le rêve ne peut pas naître d'une sensation parlée.
H. G., Romagnet (P.-de-C.).

Ma femme a crié au bout de trois minutes, trop violemment impressionnée. Mon fils (5 ans) s'est blotti dans les bras de sa mère. Mon autre fils (8 ans) a eu une nuit très agitée, rêvant du drame entendu.
Quant à moi, fort peu d'émotion.
P. J., à Gournay-en-Bray.

Lorsque la corde casse et que le corps du pendu tombe à l'eau, nous n'avons pu nous empêcher de rire en disant : « C'est idiot ».
L. B., Le Raincy.

Le but que vous vouliez atteindre a été dépassé : j'ai vécu hier un affreux cauchemar. Cette oppression, cet affreux malaise, cette angoisse qui m'étreignit...
L. G., à Seurre.

Dans le petit cercle où j'étais, on a bien rigolé.
A. B., 4, rue de Cerisoles, Paris.

Sensations éprouvées au cri de la sentinelle, au plongeon dans le vide, aux barbotements dans l'eau, à la pensée de revoir ses amis.
H. C., Bordeaux.

Le Pont du Hibou *ne laissa sur moi aucune impression.*
P. V., île de Bréhat.

Je conclus qu'un être normalement sensible, se plaçant dans les conditions énumérées par vous, n'a pu résister à votre emprise et a dû vous suivre dans l'aventure, dans le rêve.
B. de L.

A aucun moment, je n'ai pu prendre la personnalité du planteur. Je n'ai pas pu « rêver ».
V., instituteur, Montzeron (Côte-d'Or).

Drame qui nous a impressionnés au point de nous substituer au malheureux planteur pour nous plonger dans le rêve insensé qu'il a vécu pendant son agonie.
A. A. Labeaume (Ardèche).

En toute sincérité, mon imagination n'a pas été impressionnée.
S. G., rue Saint-Médéric, Versailles.

Le drame est fort bien choisi.
L. d'A.

Le sujet n'était pas bien choisi.
M. G., rue Guillaume-Tell.

La pièce était très bien, mais peut-être pas assez dramatique.
J. P. , Beauvais.

De grâce ne nous infligez pas de compositions macabres. Le Schadenfreude n'est pas français.
E. V., Montauban.

Moi et plusieurs personnes avons suivi avec intérêt votre « expérience » qui fut intéressante et réussie de l'avis unanime.
Mais ne pourriez-vous pas tenter du comique ? L., Livry-sur-Seine.

Il est temps que l'on quitte la rigolade ou tout au moins qu'on la restreigne pour les joies supérieures de l'intelligence.
L. G., Valence-en-Brie.

L'auditeur s'identifiait de façon parfaite avec le héros du récit et vivait réellement le rêve suggéré.
M. D., Champigny.

Certaines impressions sont d'une vivacité peu ordinaire. Comme en un rêve, certains passages de l'audition étaient vécus, mais, néanmoins, je voyais le héros comme un double agissant plutôt que je ne me voyais moi-même à sa place. M. N., Falaise (Calvados).

J'ai vécu dans la peau du planteur jusqu'au mot « halte », mais c'est un autre qui vécut les heures suivantes.
M. C., Chennevières (S.-et-O.).

Ce n'est que vers la fin que je ressentis quelques impressions nettes.
V. R., Versailles (S.-et-O.).

L'idée du récitatif sur ton neutre est très bonne.
M. L., rue du Pont-des-Loges, Nancy.

La voix blanche qui conte, neutre, impersonnelle est tout à fait celle qu'il faut pour un tel récit.
M. P., rue Clémenceau, Malo-les-Bains.

Diction du récitant trop chaleureuse, trop accentuée, pas assez neutre.
A. D., journaliste, Le Perreux.

On ne dit pas : « Vous avez une corde qui vous serre le cou », sur le même ton que : « Bonjour Messieurs ».
Dr. M., Cambo (Basses-Pyrénées).

La musique de scène, très évocatrice, se révèle indispensable.
P. G., av. du Cimetière-Monumental, Rouen.

La musique surtout produit la plus forte impression.
J. M., Le Noir-Mont, Berne (Suisse).

Ce qui fut le mieux rendu pour l'essai de théâtre radiophonique fut certainement l'accompagnement musical du drame, d'une harmonie sûre et prenante.
Villers-Farlay.

La musique de scène est inutile, sinon nuisible.
R., Pau.

Quelle drôle d'idée de faire intervenir la musique là-dedans.
M. S., Gavray (Manche).

Si vous voulez donner à l'auditeur l'illusion de la réalité, il faut supprimer l'accompagnement musical, qui détourne l'attention.
C. L., avocat, Rouen.

L'idée de faire faire l'obscurité était géniale.
D. D., avenue Wendt, Genève.

Je ne crois pas qu'il faille conseiller à l'auditeur de se placer dans l'obscurité.
A. D., Le Perreux.

Voix de l'âme, voix de la conscience. A son ordre j'ai baissé la tête pour éviter les balles.
R., rue Oberkampf.

Quant aux voix autres que celle du narrateur, elles sont plus miteuses que mythiques.
A. B., 4, rue de Cérisoles, Paris.

La seule chose qui ait vraiment impressionné, c'est cette voix terrifiante.
M. G., rue Guillaume-Tell, Paris.

Très bien, mais que vient faire dans le rêve cette voix chuchotée ; je n'en vois pas l'utilité.
Capitaine C., Pont-à-Mousson.

Nous avons entendu hier soir votre essai d'impression de rêve. Cet essai a été très réussi pour notre part.
A. L., aveugle de guerre, mécanicien à Cepoy (Loiret).

Pour un aveugle, il est très difficile de se placer dans le monde du rêve et de la fantaisie. J'ai recueilli là-dessus quelques informations probantes.
P. H., professeur à l'Institut national des jeunes Aveugles.

Sans faire le moindre effort, je me suis représenté la villa, le pont coupé, le tas de bois sec, toutes les péripéties des préparatifs, l'exécution, la corde cassée, les plongeons successifs, les tourbillons, etc..., mais je n'ai pu être que le spectateur et je n'ai pu, malgré toute ma bonne volonté, entrer dans la peau de cet infortuné.
L. B., aveugle de guerre, rue de Reuilly, Paris.

Note 13

« Disons d'abord que si l'on pose la mémoire, c'est-à-dire une survivance des images passées, ces images se mêleront constamment à notre perception du présent et pourront même s'y substituer. Car elles ne se conservent que pour se rendre utiles ; à tout instant elles complètent l'expérience présente en l'enrichissant de l'expérience acquise. »

BERGSON, Matière et Mémoire.

Ici encore l'expérience vérifie la théorie : il ne semble pas qu'on puisse nier que les meilleures scènes radiophoniques soient, de très loin, celles de Bilboquet. C'est, je crois, surtout, parce que les personnages de son répertoire répondent, par définition, à la condition que j'ai toujours proposée : *ils sont connus des auditeurs.* Au nom de Polichinelle, de la Concierge ou de l'Adjudant, chaque auditeur voit surgir dans son imagination une marionnette tout armée avec laquelle il a déjà joué. Si la scène se passe dans l'escalier, chaque auditeur choisit, pour suivre l'action, un escalier qu'il connaisse. Après Bilboquet, rien n'a été plus apprécié que les reconstitutions historiques. La raison est la même : nous aimons Robespierre (cet homme doux, comme disait Baudelaire), nous connaissons Tallien, nous entrons immédiatement dans l'action. Mais si une pièce radiophonée inédite veut mettre en scène M. Pierre ou M. Paul, non seulement nous ne pouvons pas les imaginer, mais nous sommes gênés par les images des Pierre et des Paul que nous connaissons.

(Pierre ou Paul veut aussi bien dire une voix, un rôle, une phrase, etc... qui, à l'instant de l'audition, peut éveiller en nous des souvenirs personnels, *non prévus par l'auteur*. Ma méthode n'évite pas ces associations, mais au lieu de se résigner à leur inconvénient, elles les utilise.)

Approfondissons encore le mécanisme psychologique du plaisir du spectateur au théâtre ou au cinéma. Pourquoi les sensations suscitées sont-elles si actives ? Pourquoi les mots prononcés par les acteurs viennent-ils si aisément se coucher dans l'imagination du public pour y faire lever des images dont le défilé est bercé par le rythme des sensations visuelles ?

Parce qu'il s'établit un transfert affectif du spectateur sur le personnage incarné par l'acteur. *Et le transfert exige un certain temps préparatoire* (sauf coup de foudre ; la seule possibilité de coup de foudre par T. S. F. est évidemment dans une voix d'ange). Le spectateur n'éprouve aucune émotion directe, il partage celle des acteurs. Tant que ce transfert n'est pas établi, la pièce n'a pas d'intérêt ; les premières scènes d'une pièce classique n'ont pas d'autre mission que cette préparation. Se trouver tout à trac en présence d'une actrice mourante attriste évidemment, mais si l'on apprend que c'est la *Dame au Camélia*, la scène devient déchirante et si, pendant les actes précédents, on a eu le temps de l'aimer, on sanglote avec Armand Duval !

La règle que j'ai proposée paraît donc se confirmer : mêler l'auditeur à l'action, soit en lui donnant un rôle (si c'est le rôle principal voilà le théâtre radiophonique pur), soit en mettant en scène des personnages qu'il connaisse et qui soient « porteurs d'atmosphère », provocateurs de nombreuses associations immédiates, dès que leur nom est prononcé. A ce titre les personnages de la comédie italienne sont tout indiqués.

Note 14

J'ai rappelé plus haut que les pensées latentes étaient généralement de nature verbale. Or, on lit dans Freud (*Le Moi et le Soi*, Payot, p. 186) : « les traces verbales proviennent principalement des perceptions *acoustiques*, lesquelles représentent ainsi comme une réserve spéciale d'éléments sensibles à l'usage du préconscient. »

Note 15

« Les souvenirs anciens peuvent être faux ou du moins présenter un mélange de vrai ou de faux...

« Les fantaisies possèdent une réalité psychique, opposée à la réalité matérielle. »

FREUD, Théorie générale des Névroses.

Cf., la vieille expérience de « la visite à la pharmacie », bien connue en psychologie.

Note 16

Le souvenir du Planteur de Caïffa a troublé le rêve de ces deux auditeurs. Je l'ai retrouvé dans une lettre consécutive à l'émission de Juan-les-Pins. Rien d'étonnant à cela : « **Dans le contenu manifeste du rêve, on trouve des situations auxquelles s'ajoutent des images visuelles fragmentées et incohérentes, des conversations, parfois un bout de phrase stéréotypé.** » (Le rêve et son interprétation.)

Mais au risque de me faire railler par les antifreudiens, je proposerai à cette association bouffonne les explications psychanalytiques suivantes :

Le speaker demandait de rêver — rêver, c'est dormir — le rêve imposé menait à la mort — donc sommeil : danger de mort. Quel est l'antidote du sommeil : le café, café... planteur... de Caïffa...

J'appuie cette proposition :

1º Sur le fait (confirmé par une nouvelle lettre) que cette idée n'est venue à l'un de mes correspondants qu'au moment de la pendaison et lui a servi à s'évader;

2º Sur le fait que l'autre correspondant commence ainsi sa lettre : « *Tout d'abord, je suis très fortement « un visuel », je n'ai donc pas pu participer personnellement au drame, mais je l'ai vu* » : **Une absurdité dans le contenu manifeste du rêve correspond dans son contenu latent à un sentiment de contradiction.** (Le rêve et son interprétation.)

3º Sur le fait que le personnage symbolique du Planteur de Caïffa ne figure plus sur les pattes d'enveloppes de cette société depuis 1914, tandis que de nombreuses affiches montrent actuellement un planteur (chocolat du Planteur, notamment et divers rhums);

4º Sur le fait que dans le texte de *Un incident au Pont du Hibou*, on peut trouver cent prétextes à associations évasives qui n'ont pas été signalées : sudiste — parti existant en Chine au moment de cette représentation et dont les journaux parlaient chaque jour, hibou-pou, etc...

Note 17

La plupart des poèmes d'Edgard Poe paraissent composés pour être dits de cette façon et quiconque a du goût pour un certain verbalisme ne peut être insensible à de simples répétitions de mots, (« l'azur, l'azur, l'azur » dit, énivré, le poète de Mallarmé.) C'est d'ailleurs un procédé couramment employé en musique : les La Palisse qui répètent sans cesse que l'art radiophonique ne s'adresse qu'à l'oreille auraient dû penser au chant et à la façon dont sont écrites, rythmées, découpées et dites les paroles des plus célèbres mélodies. Et toutes les émotions — joie, terreur, colère — ont tendance à provoquer une répétition instinctive des mots où s'exprime la cause de ces émotions.

Note 18

Ne pourrait-on pas, déjà, tenir compte des déformations de la transmission : il arrive encore aux meilleurs acteurs radiophoniques de pousser des rires ou des soupirs qui, dans le haut parleur se transforment en cascades incongrues de bruits « à traduire » par l'auditeur (comme les applaudissements qui surprennent toujours ceux qui les entendent pour la première fois par T. S. F.).

Dès 1908, Rousselot constatait au Laboratoire de Phonétique expérimentale, la présence dans sa propre prononciation de sons différents de ceux qu'il croyait émettre. Dès 1912, Robert de Souza usait de l'appareil enregistreur de ce laboratoire pour déceler des syllabes « fortes » dans des vers où leur apparition rétablissait un rythme qui avait échappé à d'autres savants. Qui continue ces travaux ?

Note 19

> *On s'imagine chez nous qu'il y a de la poésie partout*
> *où il y a des schèmes rythmiques mnémoniques, qu'on appelle*
> *également, comme pour tout confondre à plaisir, des vers...*
> *Or, de nos jours encore, dans un très grand nombre de milieux*
> *ethniques de mieux en mieux connus, le schème rythmique est*
> *pour la pensée, comme chez nous l'imprimerie, un instrument*
> *de distribution.*
>
> (DUMONT, Théorie scientifique de la sensibilité.)

Les auteurs des chansons de gestes n'étaient pas non plus
des poètes, ils voulaient seulement rendre leurs œuvres mémor-
ables. Et les marchands ambulants qui s'adressent à un auditoire invisible :

> « *J'ai du mimosa*
> *J'ai du laurier-rose*
> *J'ai du calyptus*
> *Embaumez-vous,*
> *Fleurissez-vous.* »

> « *Du cresson d'fontaine pour la santé du co-orps*
> *N'en v'là à cinq sous la bo-otte.* »

n'auraient-ils pas trouvé déjà la rédaction et la diction radiophonique ?

Aux conférenciers et journalistes radiophoniques, je prends la liberté de conseiller la lecture attentive des œuvres du P. Jousse (le style oral *Presse vivante*) qui leur fera remarquer que la langue parlée ne peut pas être la même que la langue écrite :

« Si je dis : « *l'homme que vous voyez là-bas sur la grève est celui que j'ai rencontré hier à la gare* », je me sers des procédés de la langue écrite et je ne fais qu'une seule phrase, mais, en parlant, j'aurais dit :

> « *vous voyez bien cet homme, — là-bas —*
> *il est assis sur la grève —*
> *eh bien! je l'ai rencontré hier,*
> *il était à la gare...* »

(Je saisirai modestement cette occasion de faire remarquer que, d'instinct, j'avais écrit l'adaptation du *Pont du Hibou en versets*.)

« L'attitude tout entière est moyen d'expression... Le geste exprime, indique, imite, esquisse. Il traduit d'abord les sentiments du parleur ; puis son attitude logique. c'est-à-dire en somme le mouvement de sa pensée. ses élans et ses arrêts, ses hésitations et ses reprises, la division, la scansion du discours; il mime par des mouvements dans l'espace les changements de direction de la pensée... »

(DELACROIX, le Langage et la Pensée,)

Note 20

Comment suppléer à la mimique oratoire si subtile ? Quel équivalent radiophonique de son geste aura le dialecticien qui, à l'instant où il sent la méfiance chez son interlocuteur, étend le bras devant soi dans le geste éternel du serment et provoque ainsi une poussée de crédit inconscient ? qui, pour fixer l'attention, ressuscite les traces de craintes puériles en levant l'index et en le balançant ? Le *ton* en T. S. F. fait seulement appel à la mémoire, qui répond mal, fatigue l'auditeur et dont le fonctionnement irrégulier trompe les calculs de l'auteur radiophonique. La symbolique de l'inconscient est la seule ressource de l'art nouveau.

Note 21

Si les seules harangues radiophoniques émouvantes sont les causeries religieuses, c'est que le « ton » chantant de la chaire rappelle aux auditeurs (qui l'ont entendu déjà à l'église — ceux qui n'ont pas ce privilège rigolent simplement —) une certaine ambiance ; l'évoquant, les images se colorent et se corsent. Ce ton est un rythme *musical* et cette remarque ne contredit nullement les objections que j'ai soulevées plus haut contre les inflexions vocales *artistiques* des acteurs radiophoniques.

Note 22

Argot seul langage parfaitement humain, merveilleusement poétique, argot langue purement psychique, argot, *langue orale*, quand te fera-t-on enfin ta place ? Si les espérantistes créaient une annexe argot, la notion de langue universelle se répandrait immédiatement dans les masses. « Il ne semble pas qu'il y ait lieu de s'excuser en dirigeant ses travaux sur l'argot » a écrit Marcel Schwob en tête d'une étude où il n'a pas un instant entrevu de quoi il parlait. Comme ses prédécesseurs, en effet, il s'est d'abord attaqué à ces argots dont personne ne se sert, sauf les potaches et les prisonniers, aux argots systématiques, le javanais, l'argot des bouchers, etc... : seul le succès du principe conventionnel de leur mécanisme peut inspirer une certaine curiosité aux psychologues. L'intérêt véritable commence avec les mots tels que *pavour, linvé, loufoque* ou *rondibé* qui ont été cueillis dans ces argots particuliers et jugés dignes d'être transportés dans l'argot courant. Cette langue exquise, il est absurde d'en étudier gravement les étymologies. Elle n'en a pas. Son vocabulaire ne vit que peu de temps : il est sans cesse renouvelé, d'autant plus vite que les mots créés sont immédiatement intelligibles (pour les âmes pures, bien entendu et non corrompues par l'étude); quant aux mots défraîchis, ils disparaissent ou vont au bas-langage faux argot d'usage bourgeois, dont les termes vils (*manger vingt billets, faire la culbute*, etc..., c'est-à-dire dépenser vingt mille francs, vendre deux fois plus cher qu'on a acheté) ne méritent d'autre attention que celle du dégoût. L'argot est une langue toujours jeune et le propre de la jeunesse c'est d'être d'une année à l'autre étranger à soi-même ayant laissé à d'autres les goûts qu'on n'a plus. C'est aussi une langue *prestigieuse* qui fascine les farauds de tous âges, à cause, précisément de son caractère toujours *actuel.*

Attardons-nous à admirer le génie de cette langue. Voici quelques mots parés, refaits, abrégés, enjolivés. Comme ils sont plus mélodieux et plus expressifs que leurs radicaux bourgeois : *fortiche, vicelot, salingue, tubar, vioque, toutime, marida, neuille, parpagne, rancart, panarts, pacquesson, calecif, braguard.* (Rusé, vicieux, malpropre, tuberculeux, vieux, tout, marié, nuit, campagne, rendez-vous, pieds, paquet, caleçon, vert-galant.)

Voici des métaphores simples : *la veuve, encore un qui glisse, lâchez-les : valse lente, plombé, trèfle, bâche, dérouiller, va-te-laver, grouillot.* (La guillotine, encore un qui meurt, avare, malade, tabac, casquette, inaugurer, large claque, enfant.)

En voici de subtiles : *fondu, des crosses, le dur, choquottes, pain au lait, en écraser, faisan, à la mords-moi le doigt.* (Fou, querelle, chemin de fer, dents, fesses, dormir, taré, de mauvais aloi.)

Voici enfin, démodés ou non, des néologismes inouïs, jaillis du fond de la sensibilité des hommes simples : *mouise, moche, gaille, vannes, taf, deffe, sous-baloche, maous, doches, condé, but.* (Pauvreté laid, cheval, imposture, peur, casquette, sous-maîtresse, important règles, laisser-passer, tête.)

L'étude de la *réussite* des mots argot (car tout permet de supposer que pour un des mots ci-dessus adopté un jour dans la pègre, cent autres formes ont échoué) éclairerait peut-être le mécanisme *des sympathies ou des antipathies que les mots suscitent incontestablement,* que presque tout le monde éprouve et serait fort en peine de justifier. Les mots bourgeois élus mots d'argot, sont probablement en cette matière-là les plus significatifs : *dame, milieu, affranchi, assister, brutal, s'expliquer, affreux.*

Il en est de même pour certaines anecdotes qui passent de bouche en bouche en gardant rigoureusement la même forme et qui s'opposent ainsi par quelque caractère caché aux potins banals, aussitôt déformés qu'entendus. Le type de ces récits définitifs, c'est l'histoire de 1914 selon laquelle « Turpin aurait inventé un nouvel explosif qui, essayé sur un troupeau de moutons, n'en avait laissé que quelques flocons de laine suspendus dans l'air. »

Aucun perfectionnement n'a paru désirable aux innombrables colporteurs de ce bateau, qui comblait exactement toutes les aspirations du pays. Voilà une histoire radiophonique !

En lisant cette note assez vague, peut-être, sentira-t-on comme moi que, seuls, le hasard ou la « psychologie de laboratoire » peuvent tirer les arts phoniques (T. S. F. et cinéma parlant) des doutes qui alourdissent leurs pas. Il faudrait prévenir les docteurs que la T. S. F. est inventée, qu'on a bien besoin d'eux et qu'on leur donnera quelque chose en échange...

N.-B. — Dans le même ordre d'idées, l'étude des patois, « frères de notre langue littéraire, et qui vivent *uniquement par la tradition orale* » est du plus grand intérêt. (Cf. ROUSSELOT, introd. à l'étude des patois.) Les comptines enfantines méritent aussi l'examen.

Note 23

« Le présent est dans le rêve et dans la rêverie, le temps
où l'on se représente les souhaits comme accomplis. »

MINKOWSKI

Note 24

Aussi bien il est peut-être temps de dire que je n'ai vu que deux films sonores : *les Nouvelles Vierges* et *le Collier de la Reine.* Pour le premier, une seule émotion : le cri au moment de la chute dans l'escalier, parce que j'ai cru qu'il était poussé dans la salle ou *dans l'orchestre* par quelqu'un qui assistait à l'accident *en même temps que moi.* Pour le second : même malaise, même plaisir difficile à avouer, au moment où des hurlements de femme qu'on torture accompagnent les brutalités des happe-chair ou du bourreau ; Nos metteurs en scène, si artistes et si délicats, pensent déjà, 'espère, après ce succès qui les honore tant, à enregistrer les cris d'un cochon qu'on égorge pendant qu'ils tourneront l'exécution de Louis XVI ; ils « l'auront » encore la salle !

C'est tout de même pénible de voir réapparaître tout d'un coup tout ce que l'art cinématographique avait fini par noyer : les interminables tableaux à mi-corps, le souci des répétitions qui englue encore le pas et les voltes des acteurs, dépouillés de la liberté de mouvements qui donnait tant de prix à certains films, la brusquerie déconcertante des changements de tableaux (la vitesse tolérable pour l'œil — dans l'état actuel de son " entraînement " — n'est pas celle que l'oreille admet)... C'est la gaucherie de l'âge ingrat, soit ! mais vous verrez que le bègue et le sourd resteront «pour faire rire le monde» rivés à l'écran parlant tant qu'on ne l'aura pas muselé...

Note 25

« *Autant le langage écrit se sert de la subordination, autant la langue parlée pratique la juxtaposition. On n'use pas en parlant des liens grammaticaux qui enserrent la pensée et donnent à la phrase l'allure étriquée d'un syllogisme.* » (VENDRYES. Le Langage.)

« *Les Sémites ne savent que faire succéder les propositions les unes aux autres, en employant pour tout artifice la simple copule « et » qui leur tient lieu de presque toutes les conjonctions... On dirait la conversation la plus abandonnée prise sur le fait et immédiatement fixée par l'écriture... C'est, pour prendre l'expression d'Aristote, le Style Infini, procédant par atomes accumulés.* » (RENAN.) *Et c'est le procédé normal de l'homme tant que la parole parlée existe seule.* »

(JOUSSE, Le style oral.)

Note 26

Un disque de phonographe radiodiffusé trois heures après son enregistrement.

LONDRES. — A l'ouverture de la Conférence navale, le roi d'Angleterre prononça un discours très remarqué qui fut radiodiffusé par les soins de la British Broadcasting Company. Quelle ne fut pas la surprise des auditeurs d'entendre, trois heures après le roi répéter les mêmes paroles avec des inflexions de voix identiques : un disque du discours avait été enregistré et c'était celui-ci que transmettaient les stations anglaises.

Paris-Midi, du 30 janvier 1930.

Note 27

C'est d'ailleurs la tendance et la seule noblesse de notre époque que d'être une époque grave. Elle se défait du rire ignoble d'avant-guerre (qui ne survit que chez les chansonniers), du sale rire symbolique de Voltaire, du rire obtus qui n'est que le déguisement honteux, peureux, mondain et menteur de la solennité à barbe du XIXe siècle : Gavroche et M. Prud'homme ne sont qu'un seul et même personnage bon et méchant, mais prodigieusement dépourvu du pouvoir et du goût de sortir de soi-même (entre autres raisons de se tordre, Gavroche a une prédilection comme Courteline, pour la bêtise des hommes. Est-ce vraiment si drôle que ça ?) Que de découvertes, cette belle inclination à la gravité ne nous a-t-elle pas déjà values ? Nous écoutons les enfants, dont presque tous les propos sont admirables, nous ne jugeons plus personne sur ses manières, nous ne méprisons plus les " simulateurs " et, en retard de cent ans sur ce peuple de grandes âmes, nous commençons à ressembler aux amis russes du prince Muichkine, sinon à lui-même, les douaniers Rousseau, qui n'ont point trouvé leur royaume en ce monde, revivent aujourd'hui dans une apothéose, je crois que nous sommes, sinon moins bêtes, peut-être moins méchants que nos pères... Baudelaire, en vain, leur faisait remarquer que le Christ n'avait jamais ri !

Note 28

Quelle révolution nous guérira de ces éruptions endémiques d'adolescents larvaires, qui n'ont d'hommes que le nom, et que couvent des mères orgueilleuses de ces peaux jaunes, de ces yeux inquiets, de ces épaules peureuses, de ces esprits judicieux et bornés. Voués aux affres d'une implacable destinée psychique et matérielle, ces pauvres gars sont morts d'avance. Aux heures de repas, dans tous les foyers, des parents à la mémoire émoussée s'indignent stupidement du dégoût éternel que les enfants manifestent pour les endives, les épinards ou les choux-fleurs qu'ils apprécieront plus tard sans que l'éducation y soit pour rien. Rien ne vient menacer les malentendus les plus anciens et les plus sots établis entre esprits plus obtus, plus bornés, plus buttés que jamais.

Et pendant c'temps-là, certains freudiens se livrent au jeu burlesque de la dissection non pas des cadavres, mais des mannequins : ils analysent les héros de romans ! ! A quand une étude psychanalytique du chemin de fer dans les romans russes, de la Tour Eiffel et des cyclistes dans les écrits de Jean Cocteau, des complexes d'auto-punition dans l'œuvre de Gide et chez les personnages de ses romans ? («Aimez-vous Gide ?» Voilà pour l'analyste, à l'usage des adolescents tourmentés, une excellente formule de détection de ce complexe dans la fabrication duquel les pasteurs protestants ne peuvent être surpassés et qu'on pourrait baptiser « du canif de Lafcadio » en souvenir d'une anecdote qui est le plus bel exemple possible de travestissement littéraire d'une psychose. — Il y a Lafcadio, oui ! mais, d'abord, il y a le canif !)

Note 29

« C'est surtout depuis l'invention de l'imprimerie que la rythmique, devenue inutile comme moyen de vulgarisation et de conservation, a été bannie avec raison du domaine de la pensée historique, scientifique et morale. »

DUMONT, *théorie scientifique de la sensibilité.*

N'est-il pas impressionnant d'imaginer un instant que la T. S. F. puisse un jour nous ramener au « *joug* » des Récitateurs ?

Note 30

Le film intérieur se prêterait d'ailleurs à de très agréables démonstrations scéniques que je voudrais voir organiser un jour par un metteur en scène affranchi des doctrines théâtrales classiques ou modernes. J'imagine une soirée organisée dans un théâtre pour illustrer et vulgariser le radio-film. La scène est coupée en deux. Dans la partie de droite, bien éclairée, un auditorium est figuré. On voit au fond les belles machines électriques et les mouvements rythmés d'opérateurs diaboliques. Au premier plan, les acteurs lisent leur rôle. Ils ne se déplacent que pour régler leur distance par rapport au microphone. Ils sont masqués tous d'un demi-œuf, sans traits et sans yeux, complètement inexpressif. Ils se ressemblent absolument et sont vêtus pareillement, sans distinction de sexe, du costume de répétition des danseurs : collant noir et chemise bouffante blanche.

Sur la scène de gauche, plongée dans une demi-obscurité, apparaîtront au fil des mots, les évocations d'un rêve suggéré par le film... Que ne trouverait pas un régisseur adroit usant de la scène à toutes les échelles et dans tous les sens et, dans toutes les couleurs, du cinéma, de la lumière, etc...

Un roman-feuilleton par T. S. F. pourrait aussi exercer doucement le public à ce petit jeu mental : à un épisode radiophonique qui serait censé se dérouler *chez l'auditeur* succéderait le lendemain dans la presse un chapitre intitulé : « Un drame chez un sans-filiste », où des commentaires de l'audition de la veille et des avertissements romanesques pour celle du lendemain, tiendraient le lecteur-participant en haleine...

Note 31

Qui connaît le mécanisme psychique par lequel, enfants, nous apprenons à parler notre langue ? La méthode Berlitz et les séjours à l'étranger ont une supériorité incontestée sur les études livresques prescrites par la pédagogie classique. Ce sont les seuls moyens d'acquérir le *sens* profond d'une langue vivante. Qu'est ce sens ? sinon l'amoncellement de connaissances inconsciemment perçues, inconsciemment enregistrées et ensuite inconsciemment mises à contribution ?

Esquisse d'une Méthode de Notation pour un Radio-Film

Extrait d'une partition complète (destinée au directeur du studio. Les musiciens et les artistes sont munis d'exemplaires où leurs parties respectives sont seules détaillées).

LÉGENDE

TEMPS	MUSIQUE			PARLÉ			TEXTE	
	INDICATIONS POUR LE CHEF D'ORCHESTRE	OBSERVATIONS	GRAPHIQUES DE LA CONTINUITÉ ET DES SOUDURES	ACTEURS	OBSERVATIONS	GRAPHIQUES DE LA CONTINUITÉ ET DES SOUDURES		
							275	. . . .
							276	. . . .
	Roul^t bas	Tambour		Speaker homme	Bas		277	Les dernières herbes crépitent.
	Roul^t plus haut			Speaker femme	Haut		278	Le sorcier revient au plus vite.
	et accéléré			—	—		279	Il franchit le cercle magique.
				Speaker homme	Haut		280	Il était temps : la flamme est morte.
5		Silence			Temps			
							281	Des quatre coins de l'horizon
	" Nuages "	Orchestre		Speaker femme	Bas		282	d'immenses nuées couleur de suie
	DEBUSSY						283	roulent en sombres tourbillons
							284	et tout disparaît dans la nuit.
10		Silence			Temps			
	Motif lent	Orchestre		Speaker homme	Bas		285	L'obscurité pourtant peu à peu se dissipe.
	et hésitant				Haut		286	Le jour réapparaît, et...

TABLE DES MATIÈRES

Chapitre I

Chapitre II

Chapitre III

Notes :

1930. — Imp. Louis BELLENAND ET FILS, Fontenay-aux-Roses. — 41.671.

Prix : 12 frs.